カントと動力学の問題

菊地健三

KANT UND DAS PROBLEM DER DYNAMIK

KENZO KIKUCHI

晶文社

ブックデザイン　中新

目次

序 7
第一章　前批判期における「自然の形而上学」の問題点 15
第二章　『純粋理性批判』と動力学的という概念 57
第三章　『自然科学の形而上学的原理』における動力学 87
第四章　人倫の形而上学と動力学 107
第五章　『判断力批判』と動力学 145
第六章　『オプス・ポストゥムム』における動力学的エーテル 175
注 194
あとがき 198
引用したカント著作名一覧 v (202)
索引 i (206)

〈凡例〉

ここで引用されるカントの著作の「日本語著作名（出版年）」「日本語略記」「欧文略号」は、巻末の「引用したカント著作名一覧」を参照されたい。これ以降カントからの引用文には「欧文略号」、「カント全集アカデミー版巻数および頁数」を付すが、『純粋理性批判』については巻数および欧文略号は付さず、慣例に従って第Ⅰ版をA、第Ⅱ版をBと表記し、各々の頁数を付すことにする。また文中の［　］は筆者注である。

序

カント（1724-1804）のファースト・ネームはイマヌエル（Immanuel）として知られるが、本名（クリスチャン・ネーム）はエマヌエル（Emanuel）である。イマヌエルという言葉は「われわれmanuとともに在るim神El」というヘブライ語で、聖書「マタイI 22―23」に登場し（「見よ、乙女が身ごもって男の子を産むであろう。／その名はインマヌエルと呼ばれるであろう」）、キリストを意味している。カントはケーニヒスベルク大学で学んでいるが、大学入学後からこの名称を使い始めたようである。[1] カントの代表的著作は『純粋理性批判』（「第一批判」）、『実践理性批判』（「第二批判」）、『判断力批判』（「第三批判」）のいわゆる「三批判書」であるが、カントは基本的に形而上学者である。というのも、「第一批判」を予備学とする「自然の形而上学」および「第二批判」を予備学とする「人倫の形而上学」という二つの形而上学を真の学問とみなしているからである（B. 860ff. 参照）。そのカントが他方では「動力学」の立場に立脚している。例えば『純粋理性批判』ではカテゴリーとその原則を数学的と動力学的とに区分し、さらに二律背反にかんしても数学的と動力学的とに区分している。では、カントにおいて「形而上学」と「動力学 Dynamik」はどのようにかかわり、どのような意義を担っているのであろうか。この点にかんしては今のところ解明の糸口さえ与えられていないように思われる。

カントが哲学の大改革者として大きな役割を担ったことは確かであろう。例えば、ニュートン力学の方法を形而上学に導入することによって、近代自然科学（数学的自然科学）を形而上学によって基礎づけようと試みたが、このような試みは当時「神学の僕」とみなされていた哲学を根本から改革することになったのである。そしてこのような試みを支えるために理性と悟性の働きを明確に区分し、また認識論において「コペルニクス的転回」を導入するなど、近代以降の哲学を多くの面で方向づけたその功績はきわめて重要である。しかしもう一面でカントは形而上学的伝統を厳格に踏襲している。なぜなら、「三批判書」に典型的にみられるように、古代ギリシアにおける「真（認識論）」「善（実践論）」「美（美論）」が真正面から扱われ、さらにこれらの問題に通底する「形相的原理」や「目的論」がカントの哲学体系に貫かれているからである。こうした形而上学的伝統を踏襲した上で、カントはヴォルフ（Wolff, Christian Freiher von 1679-1754）によってキリスト教化された近代的な意味での形而上学的課題を諸理念として継承しているのである。例えば、『純粋理性批判』は一面からみれば

「カテゴリー論」をはじめ大きな枠組みとしてはアリストテレス的に構成されている。しかしもう一面からすれば「感性界」と「英知界」とが二元論的に断絶してとらえられ、大枠としてプラトン的に構成されてもいる。要するに、少なくとも「批判期」においてカントの思索は古代の伝統を継承してもいるのである。ここに「形而上学者」としてのカントの姿を理解することができる。

他方「前批判期」におけるカントの「自然学的諸論考」では、とりわけライプニッツ（Gottfried Wilhelm Leibniz 1646-1716）の形而上学的自然学である「力動論 Dynamisum」とニュートンの自然科学的「力学 Mechanik」が問題にされている。カントが明確に動力学を扱っているのは『自然科学の形而上学的原理』（以下『原理』と略記）「第二章 動力学」においてであるが、しかし前批判期からカントは動力学的な立場から自然の諸問題を考察しているのである。カントはライプニッツやニュートンからの影響と批判を通じて独自の動力学というカント固有の力学を展開することになる。批判期における動力学は力動論と力学との関連において想定されており、その意味では形而上学とは無縁であるように思える。ただ動力学が力動論や力学とどのように異なり、いかなる発想に基づいているのかはきわめて不明瞭である。はっきりしているのはカント的動力学がいわゆる静力学に対する動力学とはまったく無関係であるということである。

動力学というこの概念に解明の糸口を与えてくれるのがカントの哲学的脳理論である。カントはケーニヒスベルク大学において「形而上学講義」を一七五五年から約四十年間にわたって講義し、その中で脳理論を扱っているが、脳理論において登場する動力学的という概念はカント固有の諸問題、例えば、アプリオリな体系の所在、あるいはいまだ十分明らかにされてはいない超越論的という概念の意義、さらには「調停」というカントの思索を貫いている方法の役割等々にかんして新たな解明の糸口を与えてくれることができるように思える。そこでまず、これらの問題を検討する上でその前提として形而上学の由来、およびカントの時代に形而上学がどのように位置づけられていたのかについて簡単に確認しておくことにする。

アリストテレスの諸著作は紆余曲折を経て前一世紀のロドスの人、アンドロニコスによって世紀後半に編纂《へんさん》されることになったが、その中に形而上学としてまとめられているものがある。形而上学は第一哲学、あるいは神学、知恵とも呼ばれている。形而上学と称されているのは編纂される際にそれが「自然学の後 τά μετά τά φυσικά」に位置づけられ、「形而上学 Meta-Physica」とラテン語表記されることになったからである。形而上学においては自然学で研究された現実世界に存在しているものを超える、存在しているものを存在せしめている原理が探求されることになる。そして存在しているものが「実体 οὐσία《ウシア》」である。実体はラテン世界に導入されるとsubstantia（実体）とessentia（本質）という両義的な意味を担って分断されることになるが、アリストテレスにおいて実体概念はこの両義的な意味をともに担っており、本書ではこの難問は不問に付すことにする。アリストテレスの場合、「個体［個物］」にかんしてはプラトンのように「形相《エイドス》［イデア］」と「質料［素材］」とを断絶させてはおらず、両者の結合体を個体とみなしている。つまり、アリストテレスにとって個体の本質である形相は質料に内在することによってのみ存在することになり、ここから形相的原理の世界を究極目的とする目的論が展開されることになる。この点においてプラトンとの思想上の相違を見出すことができる。ただ、質料と断絶させているという以外では、アリストテレスの形相はプラトンのイデアと基本的に同じ機能を果たしているといえるだろう。

　究極目的、つまり第一原因はそれ以上遡行できない神（不動の動者）であり、したがってアリストテレスの目的論は神学化されてはいるが、しかし宗教的なものではない。目的論にかんしては後にカントの『判断力批判』を扱う際に問題にする。そして形而上学は十八世紀になるとヴォルフによって「キリスト教的三位一体（父―子―聖霊）」と結びつけられ、その結果として形而上学は「神学―宇宙論―合理的心理学（魂論）」というキリスト教的な意味を担った三つの学問として読み替えられることになったのである。これによって古代とは異なる近代的な意味での形而上学の課題が提起され、カントはこれらの課題を「三つの理念」とみなして取り組むことになるのである。

カントにとって形而上学はアプリオリな最上位の次元に位置づけられており、そこから「自然の形而上学」と「人倫の形而上学」という二領域が生じ、この二領域に基づいて自然界と人倫的世界とが考察されることになる。前者は自然界における「物質 Materie」または「物体 Körper」にかかわる領域であり、認識諸能力に基づく「アプリオリな可能的認識の体系」が前提されている。後者は根本的に「魂 Seele」にかかわる領域である。カントは魂をヴォルフのように「単純実体」と規定することには批判的であり、魂と身体との相互作用は不可欠であるという立場を早くから明確にしている。また魂は道徳的領域と密接に関連しており、とりわけ「道徳法則」とのかかわりによって論じられることになる。

そこで、第一章では前批判期における自然学的論考を考察し、力動論および力学と、カント的な動力学的力学との関連を探りながら『純粋理性批判』へと至る過程を考察する。またカントの哲学的脳理論を糸口として動力学的という概念がどのような意味を担っているのかを探ることにする。第二章では『純粋理性批判』におけるカテゴリーとその原則論、および二律背反で用いられている動力学的という概念の形而上学的意義を検討し、第三章において、『原理』で分析されている動力学と力学との関係を動力学的視点から考察する。ここまでは「自然の形而上学」の問題であるが、第四章では「人倫の形而上学」という実践論の観点から動力学との関連を探り、第五章では『判断力批判』について動力学的観点から考察する。そして最後に遺作、つまり『オプス・ポストゥムム』における「移行問題」に関連して、一方では動力学的エーテルの問題を「自然の形而上学」という観点からとらえ、また他方では、身体や魂への「ガルヴァーニ電気」の影響を「人倫の形而上学」という観点からとらえてみることにする。これによって先に挙げた諸問題、つまりカントにおけるアプリオリな体系の所在や超越論的という概念の意義等の問題を明らかにし、最終的に「自然の形而上学」と「人倫の形而上学」との「調停」という問題を通じて、形而上学者カントの哲学体系全体における動力学の重要な意味を提起する。

第一章

前批判期における「自然の形而上学」の問題点

1　出発点――『活力の真の測定にかんする考察』とライプニッツの力動論（「調停」1）

カントがケーニヒスベルク大学の員外教員であるクヌーツェン（Knutzen, Martin 1713-1751）から大きな影響を受け、最初の著作『活力の真の測定にかんする考察』（以下『活力測定考』と略記）を著したことはよく知られているが、この著作においてまず注目すべきはニュートンにはほとんど触れられていないということである。(2) そこでは「活力 lebendige Kraft」をめぐる「デカルト派」と「ライプニッツ派」との対立が論争仕立てで展開されているが、「活力論争」はダランベールによって一七四三年にはすでに解消している（ダランベール『力学論』参照）。若きカントはこれを知らずに活力問題を扱い、刊行後にこの点を揶揄《やゆ》されており、この著作は学問的には決して高く評価されるものではない。しかしそれにもかかわらずそこには注目に値する二つの点が存在する。第一点は「数学的立場（デカルト派）」と「形而上学的立場（ライプニッツ派）」とを「調停」しようと試みている点である。つまり、どちらか一方が全面的に正しくもう一方が間違っているとみなすのではなく、二つの立場を調停しようとしているのである。この調停という方法はこれ以降カントの基本的な方法の一つとなるが、それが最初の著作から現れているという点が注目に値する。また第二点は、ここでの「力学」はニュートンの力学ではなく、ライプニッツの形而上学的力動論であるという点である。つまりこの段階ではカントは力学を自然科学としてではなく「自然の形而上学」としてとらえているのである。そしてカントがここで想定している「活力」とは物質に内在しているとみなされた内在力のことであり、この内在力によって物質が運動していると考えられている。

『活力測定考』の一方の主役であるライプニッツは、哲学的・論理的思考にかんしては、その最高原則を「分析判断」とみなしているが、それはデカルト派を継承し、幾何学的・数学的方法に基づくものである。これに対し物理学的思考にかんしては「モナド（単子）論」が展開されている。モナドとは力 vis を属性とする自己活動的な単純実体であり、物体や世界は無限個のモナドによって合成されていることになる。モナドはそのすべてが各々実体であるが、ライプニッツにおける実体概念はデカルト的に理解され、一つ一つの実体は他のすべての実体が存在していないとしてもそれ自体だけで存在しうることを意味している。ライプニッツはこのような実体をモナドとみなし、それを「自我の規定」をモデルとして想定している。[3] その限りにおいてモナドは「一種の表象作用」（MA. 4 : 482）を可能とすることになる。しかしモナドがすべてこのような実体だとすれば、それぞれのモナドは他のモナドとは無関係に自由に動き回り、あらゆる合成体が不可能になる。したがって秩序ある調和のとれた現実世界は合成体として成り立たないことになるが、しかし実際に世界は調和した合成体として存在している。そこでライプニッツはこれを説明するために「予定調和説」を持ち出すことになり、この予定調和説に基づいて運動の伝達を説明しているのである。

『活力測定考』に話を戻せば、カントは数学的証明以上に形而上学的証明を評価している。つまりデカルトは基本的に世界を幾何学的空間としてしかとらえていないために「時間」の問題を導入しえないのである。運動する力である活力は時間において作用するのであり、そのためにデカルトは結局のところ「死力」しか扱えないことになる。これに対しライプニッツはモナドという、それ自身で運動しうる根源的な力を持つ実体を想定しているゆえに、「活力」の問題にかかわることができる（この場合、世界に予定調和をもたらせる神が介在している）。ただし、カントの基本的な姿勢は調停にある。つまりデカルト派を全面的に否定することはなく、デカルトが数学的に正確に死力を規定してくれたおかげでライプニッツは死力の自乗として活力を規定することができたと、デカルト派を評価してもいるのである。「デカルト派が鋭利な努力を傾けた後だったために、自乗による測定の誤謬《ごびゅう》を数学によって回避することは困難ではなかったし、ライプニッツ派が明敏な準備を整えていてくれたために、それが自然の中にあることを見過ごすこともほとんど起こりえなかった」（LK. 1 : 181）、と。しかし、カントがライプニッツを全面的に評価しているのかというとそうではなく、ライプニッツはかなり手厳しく批判されてもいる。つまり、ライプニッツは死力と活力とを区分してはいるが、このいずれをも「現実運動」とみなしてしまっていると批判されているのである。カントの考えでは現実運動のほかに「自由運動」があり、この自由運動によってのみ「物体が活力を持つことができる」（同 1：33-34）とみなされているのである。

つまり、ライプニッツに対してカントは死力を「外力に基づく消滅する現実運動」、また活力を「内在力に基づく永続する自由運動」とみなしている。例えば、前者の例として「手でゆっくりと押された球」（同 1：29）が挙げられ、「その力は速度の自乗ではなく、速度そのものに比例している」（同 1：34）とみなされている。これに対し後者の例として「発射された弾丸」があげられ、その力は「障碍《しょうがい》がなければ無限に持続する」（同 1：28）とみなされている。こうした見方は明らかにライプニッツとの相違を示している。つまりカントは内在力が作用していない状態を死力とみなしており、ここにライプニッツとの根本的な相違がみられる。要するに、ライプニッツの場合には物質の絶対静止が認められていないのに対し、カントは外力を欠いた状態の現実運動を絶対静止とみなしていることになる。例えば、ある物質が「時間A」において動き始め「時間B」において動きを止めたとする。カントの立場からすれば始点である「A」と終点である「B」において、物質は絶対静止の状態にあることになる。というのも「起点においては……活力は消失し、死力が生じる」（同 1：36）からである。しかしライプニッツの立場では、それ自身運動力を備えているモナドは「A」においても「B」においても、どれほど僅かであっても運動していることになる。それゆえ「ライプニッツの力の法則からは、運動の開始時ですら力は活力であるという不合理が生じる」（同1：37）ことになる。カントにしてみればいかに僅かであっても、外力を欠いた状態において運動していれば、それは死力状態ではなく活力状態なのである（同1：§25, 25以下。「大橋」一三頁参照）。この点については後に問題とすることになるが、ライプニッツをこのように批判しているにしても、数学は「活力についての証明をまったくなしえない」（同1：40）ゆえに、「活力」にかんしてはライプニッツ派における形而上学の優位は揺らぐことはなく、「真の力の測定」のためには「形而上学の方法」を、確実性を持つ「数学の規則と結合しなければならない」（同1：107）という調停的な結論が導き出されることになったのである。

2　ニュートン力学の導入

『活力測定考』を刊行してから、当時の慣例に従ってカントは九年間家庭教師としてケーニヒスベルクを離れていたが、ケーニヒスベルクに戻ってまもなく発表された『天界の一般自然史と理論』（以下『天界論』と略記）では、ライプニッツ力動論に代わって、ニュートン力学が全面的に導入されることになる。福谷茂によればニュートン以前には、アリストテレス以来「状態」とは「静止」のことで、「運動」というのはこの「状態」の「変化」を意味していたのに対し、ニュートンは「運動状態 status movendi」（従来の意味では「静止変化」という矛盾した言い方になってしまう）という新しい考え方を導入したことになる。(4) つまりニュートンは運動と静止とをまったく等価に扱い、物体が運動したり静止していることを問題にしているわけではなく、運動や静止が変化を被る事態を問題にしているのであり、このような変化をもたらす原因のことを「力」と呼んでいるのである。そして力学にかんするニュートンの革新性はそれ以前には難問とされていた遠隔作用に新たな考え方を提示した点にある。(5) つまりアリストテレスの不動の動者という擬人化された原理に基づいて、ニュートン以前には手や道具等による「直接的な接触によってのみ」物体に力が伝達し、この力を通じて「物体が動くという現象」が可能になるとみなされていた。要するに力という表象は擬人的な概念であり、遠隔作用はありえない現象と考えられていたのである（「山本」四頁参照）。「古代の機械学」から「デカルトの機械論哲学」に至るまで「遠隔作用としての力の概念は理解しがたいもの」だったのである。(6) そしてアリストテレス以来「力の本質（原因）」が探求されてきたのであるが、このような状況の中でニュートンは従来のように「本質」を探求することなく遠隔作用を説明しようとしたのであり、ここにニュートンの革新性が存在する。

ニュートンは『プリンキピア』において「力を運動の関数概念」として扱い、力を「運動ないしその相関者としてのみ」語っている。(7) そしてニュートンは物質が複数個存在するだけでこれらの物質間で実際に力関係が生じるという現象だけを問題にし、これらの現象の「数学的記述のみに踏みとどまる」ことによって、「想定される種々の力が実在するかどうか」の領域にまで踏み入ることはなかったのである（「松山」三六頁参照）。ただし、松山壽一が指摘しているように、ニュートンは「大変な神学者、形而上学者」でもあり、彼の「私は仮説を捏造《ねつぞう》しない」という言葉は仮説定立否定テーゼであるかのように「一人歩き」してしまっているが（同四七頁参照）、実際にはニュートンは「物体における自然的重力 natural gravity」という「物体それ自身に備わった内在的な固有の力」（「松山カント」一七〜一八頁）について語っており、「エーテルの力 vis aetheris」という仮説についてもたびたび触れている。それどころか『プリンキピア』においてすら物質の「固有力 vis insita」や「慣性力 vis inetia」というような仮説が想定されているのである（同三四頁参照）。しかしそれでもカントにとってニュートンの方法は「経験と幾何学に基づく一つの確実な手続き」（UD. 2 : 275）とみなされ、ニュートン力学はカントの『天界論』において全面展開されることになる（ただし、ニュートンがマクロな天体間に働く力を「普遍的重力」とみなし、ミクロな粒子間に働く力を「引力／斥力」と想定しているのに対し、カントは両概念を混同していたという点はしばしば指摘されている）。

『天界論』においてカントは特に引力を重視し、引力を「根源的な運動源泉」（AN. 1 : 309）

とみなし、第二編においてこの観点から宇宙の構造を解明しようと試みている。このようにカントが引力説を全面的に導入しているということは、一見カントが形而上学的立場から離れたことを意味しているようにみえる。しかし実際にはカントは形而上学にとどまっている。というのも「太陽系に属している……物質のすべて」は「要素的な原素材」に解体することができるが（同1：263）、このような諸要素は相互運動を引き起こす「本質的な力を持っている」（同1：264）とみなされているからである。したがって、ここでカントが想定している「要素的な原素材」は『活力測定考』におけるカント的活力（内在力としての本質的な力）を備えていることになる。そしてこの本質的な力をカントは引力と解しているのである。要するに、カントはニュートンが退けようとした形而上学的立場をニュートン力学に重ね合わせているのである。実際カントは『天界論』において、「……原物質そのものは、神の存在から直接帰結する」（同1：310）と想定しているように、第一原因である神について随所で言及している。ここでは確かにライプニッツ力動論に代わってニュートン力学における諸概念が導入されてはいるが、しかし形而上学的立場は基本的に失われてはいないことが確認できる。この点にかんしては『天界論』と同じ年に発表された『形而上学的認識の第一原理の新解明』（以下『新解明』と略記）が明瞭にそれを示している。そこではライプニッツ批判が全面展開されており、カントがライプニッツから明らかに離反していることがわかる。また翌年に発表された『自然モナド論』（以下『モナド論』と略記）では真正面からニュートンの引力／斥力説に基づく「物体の内的本質の解明」（MP. 1：476）が試みられ、ニュートンからの影響がますます増大しているのである。『新解明』から検討することにしよう。

『新解明』ではライプニッツの二大原理である「矛盾律」と「充足理由律」が批判の対象となっている。矛盾律は分析的命題の根本的原理であり、それゆえ物理学―力学のような現実存在を扱う総合的命題とかかわることはない。したがってカントは矛盾律を哲学の最高原理とみなすライプニッツを厳しく批判することになる。これに反し充足理由律は現実存在にかかわるゆえに、この形而上学的原理そのものにカントは基本的に同調している（PP. 1：391以下）。しかしライプニッツがこの原理から導き出した系（同 1：408 PROP, IX）であるモナドおよび予定調和説を「屁理屈のごまかし」（同 1：409）と手厳しく批判している。後述するようにカントはそもそも「物質は思考しない」という立場に立脚しており、この点においてライプニッツとは一線を画しているが、ここでの批判の矛先は「単純実体［モナド］は内的な作用原理によって連続的に変化する」（同 1：411）という主張に向けられている。ライプニッツによれば世界は無数のモナドからなる予定調和の連続的体系としてとらえられているが、この場合モナドはそれ自体力を持ち、自ら活動することができるという点が批判されているのである。カントはモナドの内的作用原理を否定し、これを物質の固有力とみなしてはいないのである。このような観点は『活力測定考』においてカントが死力状態（絶対静止）を想定していたことの延長線上にあると思えるが、しかしこの段階ではカントが物質の根源的な、本質的な内在力をどのようなものとみなしていたのかはいまだ不明である。ただ、モナドおよびその合成体である有限な諸実体が相互関係を持ちうるのは「神の知性」という「共通原理」によるものであると考えていることだけは確かである（同 1 : 412-413）。以上の点を踏まえれば、カントはライプニッツのようにモナドそのものが力を備えているのではなく、何らかの神的作用が働いていて、そのおかげでモナドおよび有限な諸実体相互の力関係が生じていると確信しているといえるだろう。そしてこの場合に持ち出されているのが引力である。なぜなら引力は「物質を拘束する自然の最も基本的な法則」であり、それを直接維持しているのは神以外の何ものでもないとみなされているからである（同 1 : 415）。したがって、ここでも引力が形而上学的に解釈されていることになるが、翌年の『モナド論』ではこの引力／斥力説がさらに全面展開されることになる。

『モナド論』はカントにおける物質の根源的な内在力と動力学を理解する上できわめて重要なものとなるが、もちろんここでのモナドはライプニッツのそれを否定するものである。そして、ここでカントが何よりもまず問題にしているのは「空間」と「物質」との関係である。空間は無限に分割可能であり、この空間の中に物質が存在している。そして諸物質の合

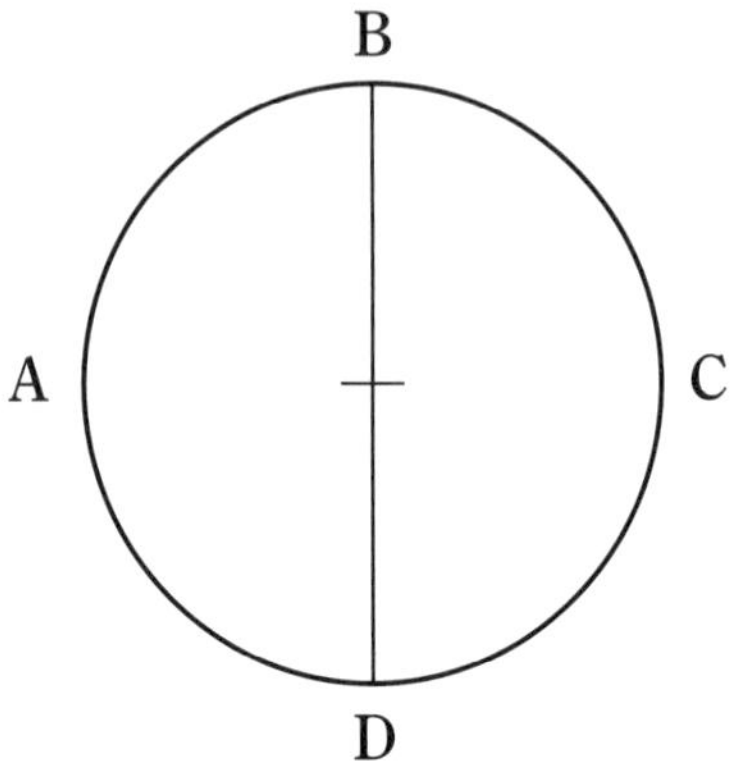

図　モナドの作用圏

成によって物体が形成されるとみなされている。ただし、最終章で触れることになるが、空虚な空間を否定するカントにとってこのような物質は決して原子ではなく、これを前提とした上で物体の構造解明が試みられているのである。したがって一見するとここでは形而上学的問題からは完全に離れているようにみえる。

　カントはこの問題を簡単な一つの最小空間の円形図をもとに説明している（図参照）。つまり最小空間の中に引力と斥力が充満していて、それらが一つの「モナドの作用圏（物質）」を形成している。そしてこれらのモナド間にも引力／斥力の作用による力関係が生じることになる。要するにモナドの中の引力／斥力作用によって最小空間の広がりである「延長の限界（モナドの作用圏）」が生じ、さらに、一つの作用圏と他の作用圏との間にも引力／斥力が作用していると想定されているが、この場合、一方では引力によってこの作用圏は他の作用圏を自分の方へと引き寄せ、自分と結合することになる。しかしまた他方では斥力が作用して、他の作用圏がそれ以上自分の作用圏の内部に入ってこないように、つまり二つの作用圏が合体して一つの作用圏になってしまわないようにしているのである（MP. 1：4881 以下および 483 PROP. X）。したがって、これらの作用圏は原子のように堅固で分割不可能なものではなく、柔軟にその作用圏を変えていくことになる。このようにしてモナドの作用圏である最小空間が結合し、あるいは離反することによって何らかの物体が合成され、あるいは解体されると説明されている。したがってここでの説明原理そのものは『天界論』と基本的に同じであり、『天界論』におけるマクロな宇宙発生論を『モナド論』ではミクロな物体形成に用いていることになる――ただし、重力と引力／斥力とが同じ作用とみなされ、また不可入性が斥力に転換されてしまっている（同 1：483、「松山」五四～五五頁参照）。

このように考察してみると『モナド論』は一見形而上学とは無縁な論考のようにみえる。しかしカントがここでそもそも問題としていたのは、空間と物質との調停、つまり幾何学（デカルト的空間論）と形而上学（ライプニッツ的モナド論）との調停なのである。無限に分割可能で実体性を欠く空間と、それ以上分割不可能な単純実体であるモナドとを、どのように調停しうるのかがここでの最大の問題点であると受け取ることができる。したがって、ここでの問題提起は実は『活力測定考』と基本的に変わらないことになる。そして「物体の本性そのものにかんする学」の支柱になっているのは幾何学よりもむしろ形而上学であるという姿勢も『活力測定考』と同じ結論である（同 1：475）。このように考えることができるなら――『モナド論』では明確に述べられているわけではないが――カントはモナドの作用圏内部における引力／斥力の力関係を、さらにはモナド間に生じる引力／斥力の力関係をやはり神的作用の結果と想定していることになろう。というのも、一見するときわめてニュートン的に物体構造の解明だけが問題になっているようにみえながら、結局のところ自然科学ではなく自然の形而上学が問題になっているからである。とはいえカントはライプニッツから大きく離反し、ニュートン的思考を全面的に取り入れようとしていることは否めない。そして「絶対空間」というニュートンの構想をもカントは受容しようとしているのであるが、この問題を次に考察することにしよう。

3　「絶対空間」――概念と直観の区分（「調停」2）

一七六四年の『自然神学と道徳学の原則の判明性にかんする研究』において、カントは形而上学が向かうべき道は従来のライプニッツ―ヴォルフ学派の延長線上にはないことを明言している。その際カントは数学の場合には最初に概念が明確に定義されるのに対し、形而上学の場合には最終的に概念が定義されるとみなし、両者の違いを鮮明にしている。さらに数学的真理は判明に証明されるのに対し、「神の存在」や「霊魂の不死」のような形而上学的真理は明確な定義に至ることはないと論難している。そしてこの論文によって、カントは今後の形而上学にとって必要なのはライプニッツ―ヴォルフ学派を継承することではなく、ニュートンの方法を導入することであると提案している。つまり「経験と幾何学に基づく一つの確実な手続き」の模範として「自然科学におけるニュートンの方法」を引き合いに出し(UD. 2 : 275)、数学や自然科学の方法を形而上学へ導入しようと試みている[8]。そしてこの試みが『純粋理性批判』への道を準備することになる。

一方この時期に、カントはヒュームの著作に出会っている。ヒュームを読み、経験の重要性を知り、「独断のまどろみから目覚めた」こともよく知られている（一七九八年九月二十一日付、ガルヴェ宛の手紙参照。また『プロレゴメナ』でも二度言及されている）。カントがヒュームを通じて英国経験論を知ったということは調停の項が増えたことを意味している。つまりこれまでの幾何学と形而上学という二項の調停だけではなく、合理論と経験論という二項の調停もこれに加わることになる。周知のように、このような調停が『純粋理性批判』への大きな一歩を踏み出すことになった。他方これ以前に、調停の問題とは別にニュートン力学について引力／斥力以外の問題が前面に登場することになる。それが絶対空間の問題であるが、この問題をめぐる論考も『純粋理性批判』の基本的な問題を形成することになったのである。

　空間についてライプニッツはあらかじめ空間なるものが存在していて、その中に無数のモナドが存在すると考えているのではなく、モナドが集合することによってその結果として二次的に出現してくるのが空間であるとみなしている。これに対しニュートンはあらかじめ絶対空間が実在していて、われわれが日常的感覚でとらえている相対的空間の背後にこの絶対空間が控えているとみなしている。その本性は、外的な何ものとも無関係に、常に同型で不動なままであり続ける超感性的な空間である。要するに絶対空間とはすべての相対空間を規定するためのいわば思考装置であり、アプリオリな論理的必然性としてそれは形而上学的存在と化しているのである（「福谷」一四七〜一四九頁参照）。例えば右と左の空間は、日常の感覚ではわれわれの身体の位置を変えれば変化するわけであるが、このような相対空間の背後にあらゆる方位をあらかじめ決定している絶対空間が実在し、この中でニュートンの「運動の三法則」が可能になると想定されているのである。カントは『純粋理性批判』「知覚の予料」の中で「数学や力学にかかわる自然科学者たち」は「彼らが避けなければならないと強調している形而上学的な前提」に基づいて、「空間における実在的なもの［絶対空間］は……

どこにおいても一様であり、外延量つまり集合量という点でだけ区別されうると仮定している」(A. 173 / B. 215)と、絶対空間という想定が形而上学的な前提であることを明確に批判している。ところがこのように批判する以前には、カントは絶対空間の実在性を証明しようと試みている。それが『空間における方位の区分の第一根拠について』(以下『空間における方位』と略記)という小論文である。

『空間における方位』を著すきっかけとなったのは「ライプニッツがかつて位置解析 Analysis situs と名付けたある種の数学的原理」への批判であり(GR. 2 : 377)、その例として挙げられているのが「不一致対称物」である。カントが例証しているのは右手と左手(より厳密に言えば右手とその鏡像)という不一致対称物(同 2 : 382)である。両者は概念的にはまったく同じものとして規定されうるにもかかわらず、例えば両者の面積はまったく同じであるにもかかわらず、「向き」が異なるために重ね合わせることができないのである。右の手袋は左手には使えないのである。ライプニッツは部分であるモナドから全体空間が合成されると前提しているために、ライプニッツ的前提からは不一致対称物を説明しえないことになる。なぜなら諸部分の概念規定(例えば親指の面積)は右手も左手も同じであり、したがって諸部分から成る全体も概念規定は同じであるのに対し、両者の全体を重ね合わせることはできないからである。カントはこれを逆転することによってのみ、つまり全体空間を部分空間に先立ってあらかじめ前提することによってのみ不一致対称物について説明することができるとみなし、絶対空間の実在を証明しようとしているのである（「福谷」八〜九頁参照）。つまり右手と左手とをともに含む絶対空間をあらかじめ前提することによって、あらゆる方位に対して絶対的な位置づけが与えられる、とカントは想定したのである。しかしながらこの想定が根拠のないものであることにカントはすぐ気づくことになる。なぜなら「概念規定」は非感性的であるのに対し、この概念規定を説明する根拠が「「絶対」空間」という感性的直観だからである。さらに方位の区分、つまり上下右左等の区分を決定するのは直観に基づく自分の身体の位置の変化以外の何ものでもなく、絶対空間ではないからである。要するに悟性による概念規定では説明しえない不一致対称物という現象は目で見れば（感性的直観に従えば）それこそ一目瞭然に理解しうることになる。この点に気づいたカントは概念と直観とが独立した認識源泉であることを明確に意識し、これを踏まえた上で一七七〇年に『感性界と英知界の形式と原理』（以下『形式と原理』と略記）を著すことになる。

『形式と原理』においては、われわれ人間が方位を区分する根拠は身体と感性的直観以外には存在しないということが大前提となっている。身体がどのような状態にあるのか、身体の位置が空間においてどのように位置づけられているのかということだけが方位の根拠となるのであって、「実在する絶対空間」なるものは方位とは無関係で、あらゆる方位は相対的にしか規定されないとみなされることになる。しかしそれでも空間の全体というものが想定されざるをえない。なぜなら、現実に一つの空間（例えば一つの部屋）が存在する場合、この空間を包むより大きな空間（この部屋がその中に存在する家）が、さらにこの空間を包む空間等々という具合に、部分空間が存在する場合、それを包含するより大きな空間が想定されざるをえず、それが無限であるかどうかは不問に付すとしても、最終的に空間全体という理念をあらかじめ前提する必要があるからである。そしてこの空間全体を分割することによってのみ、諸々の部分空間が現実に存在しうることになる。このような理念が、カントが後に「純粋直観」と呼んでいる空間の直観形式であると考えられるのである。さて、以上の問題は次の二点にまとめることができる。⑴概念的悟性と感性的直観とは独立した認識源泉である、⑵空間が感性的直観とかかわる以上、空間についてのすべての問題はわれわれ人間の意識内部の問題であり、意識の外部に実在する絶対空間というものは想定しえない、という二点である。そして、⑴において悟性と感性という二つの認識源泉が明確に区分され（それは合理論と経験論との調停ともいえるであろう）、『純粋理性批判』の基本的問題を構成すると同時に、⑵において空間の問題は内在的な直観形式の問題とみなされ、絶対空間が否定されている限りにおいて明確なニュートン批判が示され、この点においてニュートンの力学とカントの動力学とは決定的な相違を示すことになる。

こうして『純粋理性批判』への準備は確実に整ったことになるが、『純粋理性批判』を検討する前に問題にしておきたいのは、そもそもカントは「魂」と「物体（身体 Körper）」とをどのような関係で把握していたのかという点である。というのも、先に触れたように、ヴォルフにとって近代的な意味での三つの「形而上学的課題」は「神」、神が創造した「精神的世界（魂）」および「物質的世界（宇宙）」であったわけだが、カントにとって魂と物体（身体）との関係は「人倫の形而上学」と「自然の形而上学」との関係に直結する問題だからである。そしてカントがこの関係を長年にわたって探求しているのが彼の「形而上学講義」における哲学的脳理論なのである。

4　カントの哲学的脳理論

⑴魂と身体

カントが魂についてどのように把握していたのかを一言で表現するのは難しいが、少なくともヴォルフ学派のように単純実体としてとらえることを否定していたことは確かである（PP. 1 : 411-412 参照）。『一七六五―一七六六 冬学期講義計画公告』において、この冬学期の講義が「経験的心理学」「宇宙論」「存在論」「合理的心理学」という順で進められ、最後に万物の原因を扱う「神学」で締めくくられることが公示されている。そして「存在論」の段階で精神的存在と物質的存在とが区分され、ここではじめて魂という概念が精神的存在一般として定義されることになる（NW. 2 : 309）。このような観点はその後の自己意識や道徳法則へと継承されていくと思えるが、このことを前提として魂について独立に論じている文献を考察することにする。

カント存命中に公刊された著作の中で、「頭 Kopf ／脳 Ghirn」について言及されている著作の一つは初期の『頭の病気についての試論』である。そこでは自然の状態においては存在しえなかった「頭や魂の隠れた疾患」が「市民的体制」の成立とともに生じてきたという前提のもとに（KK. 2 : 259）、頭や魂の病のさまざまな症状が紹介されている。しかしここでは脳（身体）が魂とどのような関係にあるかについての言及はみられない。またこれに先立つ『新解明』ではヴォルフ学派のように魂と身体とが完全に独立した実体であるという考えは否定され、両者は密接に関連しているとみなされている。ただしここでも魂と身体との関係についての言及は十分なものではない。というのも、魂が身体上に何らかの場所を占有しているのか、占有しているとすればそれはどこなのかというような、詳細な問題についてはまったく触れられていないからである。これに対し晩年の『魂の器官について』では「魂の存在する場所」について言及されている。この一文は当時最先端の解剖学者であったゼンメリング[9]の求めに応じて著されたものであるが、ここでは長年にわたって論じられてきた哲学的脳理論の最終的見解が要約されている。つまり、カントはケーニヒスベルク大学で「形而上学講義」を約四十年間にわたって開講し、この中で脳理論を講義していたのであるが、その最終的な見解がこの一文に凝縮されているのである。ただこの要約はあまりに短すぎて、カントの脳理論を全体的に理解するには不十分である[10]。またこの「講義」が行われている間に「三批判書」が公刊されており、したがって「講義」と『純粋理性批判』との比較も必要であろう。というのも、『純粋理性批判』「感性論」において知覚の成立過程が分析されている以上、少なくとも「感性論」と「講義」の成果である脳と感覚諸器官の関係との間に何らかの共通点が見出せるであろうことが期待されるからである。後にこの点について簡潔に触れるつもりである。さらに、「超越論的心理学の第四誤謬推理に対する批判」（A. 367 以下）および誤謬推理に基づく「純粋な魂論の総体にかんする考察」（A. 381 以下）において、確かに「魂／身体」の関係について僅かではあるが触れられてはいる。しかしここでも詳細な脳理論は展開されていないのである。したがって脳理論を検討するためには「形而上学講義」そのものを手がかりとする以外にはないのである。この点にかんして、ウド・ラインホールト・ジェックは脳理論の基盤を「四つの見解」として要約している。ここではこの見解に基づいて魂と身体の関係を検討することにしよう[11]。

つまり、⑴「脳は思考しない」、⑵「魂は身体のどこかに局所化されることはなく、身体のうちでただ潜勢的に virtual 存しているにすぎない」、⑶「脳は感覚のすべての場である」、⑷「脳は思考の条件である」という四つの見解がこれである（「Ud」, S.134-135）。⑴⑵の見解は脳（身体）と魂についての基本的なカントの考え方を明瞭に示している。まず第一の見解において、カントは脳は物質であるゆえに思考しないという立場を明確にしている。例えば、晩年の一七九四年冬学期の「講義 K2」[12]における「合理的心理学」では、「魂は非物質的であり、身体をともなわない（単純な）存在である。……この主張は唯物論者たちに反するものである。……物質は表象能力を持たず、したがって物質は同時にそれ自身の生命原理ではありえない（著者［カント］が語っているのは物質は思考しないということである……）」[13]（28：2. 1. 754）という、初期の「講義」においてもしばしばみられるカントの基本的な立場が示され、先に述べたようにモナドが表象力を有するというヴォルフの見解を生涯にわたって根本的に批判していることがわかる。

第二の見解では「⑴生命において魂とは何か？（生命における魂の永続とは何か？　要注意、ここでは魂の座について直接扱われることになる）、⑵生前から魂は存在していたのだろうか？（魂はどのように始まったのか？　魂の始まりとは der ortus animae?）、⑶死は生命の終わりである、つまり魂と身体との共同作用 commercii animae et corporis の終わりである」（同）と、そもそもの魂の所在、および「魂の座」という問題が提起されている。これらの問題は古代ギリシア以来膨大な歴史を有するのであるが、これにかんするカントの基本的な見解は魂と身体とは根本的に区別されるというものである。この点を確認するように、例えば「足が切り落とされた」としても「彼自身はつねに変わらず存続し、その思考する自我は何も失わない。……それゆえ、彼には身体から区別される魂があるということは理解できる」(L1. 28 : 1. 225) という具体的な例を挙げている。魂と身体とは根本的に区別されるからこそ「共同作用」を可能とするとみなされているのである。

さらにカントは魂が身体のどこかに局所化されているという仮説を全面的に否定している。魂は身体のどこかに「局所的に現前しているのではない、動力学的な、潜勢的な現前の関係」にある (K2. 28 : 2. 1. 756)、と。「潜勢的な現前」というこの表現は魂がどこからかやってきて身体のうちに潜勢し、身体に影響を及ぼしている状態を示している。そしてこの状態をカントは「魂の動力学的な現前」と称しているのである。局所説にかんするこのような批判的見解は最も古い講義ノートである「ヘルダー形而上学」においてもすでに認められ[14]、カントの一貫した姿勢が理解される。そしてこの点がゼンメリングとの——局所説が解剖学の問題としてではなく形而上学の問題としてとらえられているゆえに——基本的な違いを示している。このように理解してみると、カントにとって魂は身体（物体）に固有な力としてとらえられているわけではない。なぜなら、第一に、魂と身体とは区別されており、「密接な共同作用の関係」にあるからであり（L1, 28 : 1. 261）、第二に、この共同作用が魂の動力学的な身体への潜勢によって可能になっているからである。そしてこの点においてヴォルフ学派とは完全に見解を異にしているわけだが、なによりもここで注目すべきは身体への魂の潜勢的な現前の関係が「動力学的な関係」として表現されているという点である。

魂と身体との共同作用の関係という考え方は『新解明』における形而上学的な見解と一致している。したがって動力学的という表現は魂と身体（脳）との形而上学的関係を前提にしているとみなすことができ、カントは動力学的というこの概念を自然科学的にではなく、形而上学的な意味で用いていることになる。そこで動力学的というこの概念と、古代ギリシアにおける形而上学の問題との関係を検討してみる必要があろう。

アリストテレスの場合、人間という「個体」は魂という形相と身体という質料との結合体であり、その本質は形相とみなされている。形相は質料にあらかじめ内在することによってのみ存在しうるのであり、この点においてプラトンにおけるイデア的世界と感性的世界との断絶説とは根本的に相違している。カントの脳理論「第二の見解」において、カントは魂と身体との共同作用を主張していたが、この関係は潜勢的な関係である。魂はどこからかやってきて（それは形相的原理の支配する形而上学的な英知的世界以外からではありえないだろう）、身体（質料）に潜勢的に内在していることになる。そして魂と身体との共同作用が終わり、形相が個体から離脱すれば、魂は形相的世界へと還ることによって人間はたんなる質料（死体としての身体）と化すことになろう。もしそうだとすれば潜勢的な関係は感性界と英知界との断絶を前提としていることになる。この前提はプラトン的である。したがって、魂と身体との関係における動力学的な潜勢的関係というカントの見解はプラトン的前提に立脚しているように思える。では魂ではなく物質の場合はどうなのだろう。

『活力測定考』に話を戻せば、そこでは絶対静止を生じる現実運動と内在力に基づく永続する自由運動の問題が展開され、いずれの運動においても引力と斥力という根源的な運動諸力の動力学的な潜勢が大前提とされている。物質の本質（形相）としての力が質料に形而上学的に、動力学的に潜勢しているのである。例えば『ジルバーシュラークの著書「１７６２年7月23日に現れた火の玉にかんする理論」の論評』（一七六四年）という短い書評においてもこの点が確認される。つまりジルバーシュラークという博識な牧師は独自の大気圏理論を提案しているのであるが、カントによれば、これを理解するためには「自然科学者には不案内な形而上学の高みにまでいたる必要」がある。この牧師が証明しようとしているのは「空間中の物体的実体が現実に存在している領域は厳密にいえば動力学的作用範囲および動力学的中心点を持った一つの作用圏」（FK. 2：450 傍点筆者）である。したがって動力学的という概念は「自然科学者たちには不案内」な概念であり、大気圏の動力学的作用を証明するためには「形而上学の高みにまでいたる」ことが必要なのである。要するに、物質や物体の場合においても、魂の場合と同様、本質的な形而上学的原理が現実世界における「物体的実体」の領域に動力学的に潜勢しているのである。『天界論』においてカントは引力を根源的な運動源泉、物質の根源力とみなし、「相互運動を引き起こす本質的な力」（AN. 1 : 309）と理解していたが、本質的な形相としてのこの力は現象的世界において現実運動や自由運動を生じさせる質料に潜勢していることになる。つまり、現実運動の場合には外部からある程度以下の小さな力しか加わらないために（手でゆっくり押された球）内在力が作用せずに絶対静止状態に至ることになり（「死力」の問題）、また自由運動の場合には外部からある程度以上の大きな力が加わるために（発射された弾丸）内在力が作動することになる（「活力」の問題）と想定されていたが、いずれにおいてもこれらの運動を生じさせる質料に形而上学的な、動力学的な作用が潜勢していると考えられるのである。この点を踏まえた上で脳理論における残り二つの見解を検討することにしよう。

(2)脳と魂と身体

「講義」ではバウムガルテンの『形而上学』をテキストとして使用していたが、カントはこのテキストにそれほど拘束されてはいなかったようである。脳にかんして、カントは脳の基本的な機能を身体と魂という人間の二側面の媒介的機能とみなし、身体を魂化する、ないし魂を身体化する機能として理解し、脳をいわば媒概念として、魂と身体との共同作用という問題に取り組んでいる。「脳は感覚のすべての場である」という第三の見解はこの問題を含んでおり、この見解において脳は身体上の感覚すべてを制御する機能として主題化されている。そして外官の対象として直観されえない魂は、脳を媒介として、外官の対象である身体とかかわることによってのみ身体の運動は可能になるという、経験的で具体的な事実からこの考察を開始することになる。

最初期の「講義」の中で、カントは薬学の理論的部門として解剖学と生理学と病理学とを区分し、解剖学の中に「神経学 Nervologie」を分類している（MH. 28 : 1. 160）。この時期にカントが参照していたのはハラー[15]であるが、最終的にはゼンメリングに学んでいる。カントの「講義」における脳および神経組織にかんする記述には彼らから学んだ成果が豊富に反映され、カントが当時の解剖学的な脳の研究にかなり精通していたことがわかる。実際「講義」においては「大脳 cerebrum」、「小脳 cerebellum」、「延髄 Medulla oblongata」（同 854）、「松果体 Zirbeldrüse」（K2. 28 : 2. 1. 755）、「脳梁 Corpus callosum」（同 854）、「皮質 Cortex」（Metaphysik Dohna 28 : 2. 1. 686）に触れられている（「Ud」, S.125 参照）。さらにカントは神経に基づく脳の構造に内在する組織のひだ、およびその絶えざる運動をも見逃してはおらず（MH. 28 : 1. 854-855）、また脳の損傷にさえ注意を向け、「人間は脳の一部を失っても、それでも生きている」（Metaphyik Dohna. 28 : 1. 686）と記している。カントによれば「神経精神 Nervengeister」や「神経流体 Nerven fluidum」（MH. 28. 1. 854）によって神経組織内のコミュニケーションが行われ、それによって随意運動と感性的感覚における神経の基礎的機能が果たされていることになる。こうして脳は諸々の神経組織を通じて必要な情報を受容し、受容したこれらの情報を有機的身体全体に分配することになる（「Ud」同）。では、このような脳の機能は魂とどのような関係にあるとみなされているのだろう。

今述べたように諸々の神経組織は脳へと情報／シグナルを送り込むことになるが、これらのシグナルは脳のうちに存在する「共通感覚中枢 sensorium commune」（ないし「共通器官[16] Organum commune」）に集中し、そこから神経の各組織へと分配されることになる。そしてこのような活動を実施するために脳へと作用を及ぼしながら、身体活動の全体を制御しているのが脳に潜勢的に現前している魂にほかならない。

「脳はすべての神経と感情の原因であり、そのため、魂はほとんどの場合頭の中で（脳の中で）作動している（これらの神経を通じて魂はその運動手段 facultatem locomotivam を得ることになり、この運動手段によって魂は他の諸部分を動かし、またこの運動手段が原因となってある神経は阻止され、動かなくなるのである）。こうして思考している間、脳以外の諸々の内臓と神経も十分作動しているのである。というのもわれわれのすべての思考は身体的な運動とともにあるからである。つまり、魂は潜勢的に現前しているのである。こうした事情からこれらの運動に対し当然のことのようにある場が指示されてしまうようなことが生じてしまう。潜勢的な現前が魂の場であるとみなされてしまい、それが共通感覚中枢の中で探られてしまうようなことが行われてしまうのである。神経が脳に達した場合にのみ感覚は生じる。そして神経は筋肉を刺激し、随意運動を生じさせる。……生命における魂と身体との連携は最も密接である。すなわち身体の運動を欠けば心 Gemüt の行為は存在しなくなり、それゆえ心理学においては身体の運動を考慮せずに心の行為を知ることは不可能なのである」（K2. 28 : 2. 1. 757）

『純粋理性批判』「感性論」では、感官が何らかの対象によって触発されることで感覚が生じるとみなされている。しかしこれが具体的にどのようにして発生するのかという、そのメカニズムは述べられていない。知覚的シグナルや神経組織、あるいは脳の機能については一切触れられていないからである。しかしながら「講義」はまさにその立証基盤の概要を提供してくれる。つまり、魂はその潜勢的現前をほとんどの場合脳において行使し、脳および脳に集中している全神経組織を手段としてあらゆる知覚的シグナルを有機的身体のすべての部分に分配し、こうして身体活動全体を制御していることになる。したがって、脳と魂との共同作用は何よりもまず感官のすべてを支配し、身体全体を動かす「運動の原動力 primum movens」（K2. 28 : 2. 755）なのである。そのために一般に魂の座が脳に存在すると信じられてしまうことになる。しかし実際には魂が脳に潜勢的に現前しているゆえに、「感覚の座」が脳のうちに存していることになる。「諸感覚のすべての条件の場として、その感覚の座を魂は脳の中に占めている」ことになるが、ただ「それは魂そのものの場ではない」（L1. 28 : 1. 281）。脳が魂そのものの場 Ort ないし座 Sitz でないのは、魂の座なるものを「医者 medicus は見たためしがなかった」からであり、「われわれはそのような場をそれこそ直観することはできず、ただ脳が魂の座であると仮定しているにすぎない」（同 282 Ud. 130 参照）からである。

しかしそれだけではない。思考している間も全身は作動しているのであり、われわれのすべての思考はすべての身体的運動とともにあるとみなされている。神経組織を通じて全身を作動させているのは脳なのであるが、それだけにとどまらず、さらに脳は思考の条件でもある。それがカントの脳理論における第四の見解である。

⑶思考の諸条件

バウムガルテンは脳の動きとともに生じる継起的な魂の表象を「物質的イデア ideae materiales」と呼び、これらのイデアを感覚 sensus や空想 phantasia にともなうものであるとみなしている。[17] これに対しカントは初期段階からこれらの物質的イデアの活動ないし脳のひだの振動を「思考の条件 condition des Denkens」(MH. 28 : 2. 1. 855) ではないかと想定し、「おそらく魂はこの物質［的イデア］を思考のために使用している」(同 891) と記している。初期段階では物質的イデアと思考との結びつきの可能性はいまだ仮定されているにとどまっているが、後の「講義」では、

「魂は、身体が思考によって同時に触発されない場合には何も思考しない。身体は思索によって多くの発作を蒙《こうむ》り、これによって激しく活動する。魂が活発であればあるほど、身体は消耗させられる」(L1. 28 : 1. 259)

と、脳と魂と身体とが一体となって現実的な思考活動を行っていることが確信され、さらに脳において活動する物質的イデアが思考にとっての必須の条件であることが確信されてい

る。

「魂のこれらのイデアはしかるべき身体的なものと対応している。身体のこのような諸条件のもとでのみ諸々の思考が生じるのであるが、これらの諸条件が物質的イデアと呼ばれているものである」（同）

そしてここから「脳は思考のための条件である」という第四の見解が導かれることになるが、カントにおいて、脳とは魂がその思考を物質的イデアとして書きとどめておく、いわば黒板のようなものとして、次のように具体的にイメージされている。

「したがって、脳の中には思考されたものについてのさまざまな刻印が存在しているに違いない。思考している間、このような物質的なものが存在しているに違いない。それゆえ魂は思考することによって脳を著しく触発していることになる。脳は思考を推敲《すいこう》しているわけではなく、魂がその思考を書きとどめておく黒板にすぎない。……したがって脳は思考のための条件である」（同 259-260）

さて、脳理論における第一と第二の見解において魂と身体（脳を含む）とは明確に峻別され、「物質は思考せず、表象を持たない」という基本的な立場が貫かれていた。しかし脳がすべての感覚、すべての身体的活動を制御する器官であることを見抜いたカントは、最終的に「思考」と「脳における運動」とが密接に呼応していることを確信し、魂と身体とが脳を媒介として共同作用しないような状態はありえないと確信するに至っている。

「ところで、身体のない魂、魂のない身体がどのようなものなのかを知ることはできない。……それゆえ魂はその性質を身体のうちに置き入れておいたのでなければならない」（同 261）

確かにカントには今日考えられているような脳の細胞的構造や神経のネットワークに基づくコミュニケーションの仕組みについての知識が十分だったとはいえない。それでもカントはこの領域の当時の専門文献に通じ、神経医学の進歩をほぼ半世紀にわたって追求し続け、形而上学的に位置づけようとしているのである。そしてこの場合、脳については特別な位置づけがなされているといえる。つまり、脳は確かに身体の一部ではあるのだが、しかし脳以外の有機的な感覚的身体と魂とを媒介する役割を担っているのである。そして媒介する際に物質的イデアという条件が重要な作用を行っていることになる。

さて、一方で質料の場合、英知界から本質である形相が物質へと潜勢することによって物質的諸力（引力／斥力）を作動させ、現実運動や自由運動を生じさせる。他方で人間という個体の場合、魂（形相）がとりわけ脳（質料）へと潜勢することによって有機的身体を含む人間的諸力を作動させる。そして魂のこの諸力は『純粋理性批判』において認識諸能力として扱われていると想定することが可能であろう。そこで、簡単にではあるがここで魂と『純粋理性批判』における認識諸能力とを比較検討してみる必要がある――この点についてカントが明言していない以上、それは推測にすぎないことになるが。その上で『純粋理性批判』および『原理』と動力学との関係を考察することにする。

5　脳理論と認識諸能力

認識諸能力のうち直接外的な物質界にかかわるのは受動的能力としての感性であるが、脳理論の場合、受動的能力はとりわけ神経組織である。というのも、身体は神経組織を通じて外的な刺激を感覚的情報として直接受容し、こうした情報を神経組織を通じて脳の中の共通感覚中枢へと伝達するからである。また脳に集中したこれらの情報に脳が反応し、これらの情報に対する指令を今度は逆にやはり神経組織を通じて身体へと分配し、外界の刺激に対して直接リアクションを起こすことになる。したがって感性と神経組織とは呼応関係にあり、これを動力学的に考えれば「魂と身体（神経組織）との共同作用」であるとみなすことができる。脳理論第三の見解を参照すれば、この呼応関係はそれほど不自然ではないとも考えられるが、感性が「触発」によって作動するとみなされている以上、この触発がたんなる外界からの刺激であるのかどうかによって解釈は大きく変化することになるだろう。

　また、悟性や理性という認識能力と脳理論における思考活動も呼応関係にあると考えられる。というのも、脳に集中した諸情報がどのような情報であるのかを悟性がカテゴライズし（概念的に分類し）、このカテゴライズに基づく判断によって経験的な諸々の自然法則が整理され、このようにして整理されたさまざまな法則を用いて、今度は理性が論理的に推論し、それによって諸理念を導くと考えられるからである。このような一連の思考活動は能動的であり、これを動力学的に考えれば思考活動は「魂と身体（脳）との共同作用」であるとみなすことも、脳理論第四の見解を参照すれば不自然ではないだろう。付言すれば、純粋統覚は魂そのものの別称であり、純粋統覚がすべての「私」の表象を貫いていることになるが、この点が書き直された「演繹論B版」の出発点となっている。「〈私は思考する〉がすべての私の表象にともなうことができなければならない」（B. 131-132）と。

しかし、最後に最大の難問となるのは受動的な「身体的活動（感性―神経組織）」と能動的な「思考活動（悟性―理性）」という、この二つの性質を異にする活動を媒介し、総合している脳に該当する認識能力は何かという問題である。総合作用を行うという点から考えればこの能力は構想力以外には考えられない。もちろん構想力は認識能力として魂の機能である点は確認されている、「一般的に総合は……魂の盲目的であるが欠くことのできない機能である構想力の働きである」（A. 781 / B. 103）、と。すべての総合作用は構想力の働きである以上、異質なものの総合を行う脳の働きは構想力に該当するとしか考えられないのである。この点を「演繹論A版」（A. 95以下）を参照して考察してみよう。演繹論A版では客観的認識の妥当性を正当化するために三つの段階が展開されている（A. 98以下参照）。(1)「直観における多様の総合」から(2)「構想における再生の総合」へ、さらに(3)「概念における再認の統一」へと至って直観的なデータが現象として客観的に構成されることになる。この場合、構想力はとりわけ(2)の段階において総合作用を行い、直観（感性）とカテゴリー（悟性）とを媒介している。しかしそれだけではなく、(1)の段階でも(3)の段階でも総合作用を行っている。これは脳が神経組織（感性―直観）を通じて情報を収集―分配したり、あるいは脳のひだを激しく振動させて思考（悟性―概念）を生じさせたりするプロセスと呼応しているようにもみえる。なぜなら、構想力が受動的領域においても能動的領域においても作用することによって両者を媒介しているように、脳もまた受動的領域においても能動的領域においても作用し、両者を媒介しているからである。このような媒介機能は当然「図式」にも該当するであろう。なぜなら、構想力は「超越論的時間規定」としての図式を産出し、この図式を三段論法における媒概念的に使用することによって感性を悟性のもとに包摂すると考えられるからである。

今私は図式を媒概念的とみなしたが、その根拠について簡単に説明しておくことにする。問題を簡潔にするために一つの例を挙げておく。「(大前提) ソクラテスは人間である／(小前提) 人間は死すべきものである／(結論) したがって、ソクラテスは死すべきものである」。これはアリストテレスに由来する伝統的形式論理学における基本的な三段論法である。この場合ソクラテスは一個人なので「特殊」であり、死はすべての生きとし生けるものに不可避な出来事なので「普遍」である。したがってここでは特殊が普遍のもとに包摂される関係が示されている。この関係を一般化すれば、「A is B / B is C / ∴ A is C」となる。この式における基本的問題点は無関係にみえる異質な二つの概念AとCとを、その中間項であるBを媒介させることによって結びつけることであり、そこでBは媒概念と称されることになる。先の例で検証してみよう。「ソクラテス」と称した段階ではそれが人間なのか犬なのかは規定されてはいない。お気に入りの書斎をソクラテスと呼んでいる可能性もある。しかしそれが「人間である」と規定された段階で初めて、ソクラテスが死に直結することになる。要するに、「人間」は異質な二つの概念「ソクラテス」と「死」とを媒介することになるのである。カントが構想している超越論的論理学はこのような三段論法と基本的に同一構造を成しているとみなすことができる。なぜなら、カントにおける「客観的認識の解明」は感性と悟性という異質な二つの領域がどのようにして包摂関係を成就しうるかという点に集約されるからである。そこで次に、以上のような形式論理式を前提とした上で、時間関係を考慮したカント的な超越論的論理学の場合を例証することにする。

例えば「私」が「風によって断崖から岩が落下した」という特殊な出来事を「数分前に」目撃したとする。この場合まず私は風が吹いたり、岩が落下したという出来事を感性によって、一定の時間（数分前）に一定の空間（断崖）において（時間―空間という直観形式に基づいて）受容し、これら一連の出来事を構想力によって総合し、さらに悟性におけるカテゴリーを通じてこれが「原因―結果という普遍的な法則」に基づく出来事であると判断し、これらの一連の出来事を必然的なものとして「私（統覚）」によって統一し、それがほかならない「私」に属していることを確認することになる。このように、「私」によって認識される現象はすべて「可能的経験における直観の多様の総合的統一」という条件」に必然的に従っていなければならない（A. 158 / B. 197）。そうするとここでも、伝統的形式論理学の場合と同様、「A（直観的データ）はB（構想力によって総合されるもの）である／B（総合されるもの）はC

（統覚の統一へともたらされるもの）である／∴Ａ（データ）はＣ（統一へともたらされるもの）である」という、三段論法における一般形式が認められる。そしてこの場合すべての総合は、つまりＡであれＢであれＣであれ、それぞれの段階のすべての総合は構想力の作用であり（A. 79 / B. 104）、総合は図式（超越論的時間規定）を媒介することによってのみ可能なのである。したがって構想力は感性（直観）と悟性（概念）の中間にあって、悟性（普遍）のもとに感性（特殊）を包摂し、異質な二領域を結びつけていることになる。要するに感性と悟性とを媒介しているのが産出的構想力によって産出された、媒概念として機能する図式なのである。つまり、図式における時間規定の問題（例えば原因と結果という時間秩序）を除けば、伝統的形式論理学と超越論的論理学とは基本的に同一構造であるとみなすことができる。そして、以上のような機能的側面を考慮すれば、構想力こそ脳理論における脳の役割を果たしていると考えられるのである。

もちろん『純粋理性批判』と脳理論とが完全に合致しているというつもりはない。例えば、脳と構想力との機能が一致しているとすれば、構想力は「魂の思考を書きとどめておく黒板」でもあるということになろうが、しかしこのような事態を正確に説明することは不可能であろう。しかし何らかの呼応関係が前提されているのでなければ、なぜカントが「形而上学講義」において脳理論をあれほど長期間継続していたのかは理解しがたいのである。認識諸能力と脳理論との関係に明確な結論を出すことはできないが、それでも『純粋理性批判』と動力学的という概念とは密接に関係しているはずである。

第二章

『純粋理性批判』と動力学的という概念

1　カテゴリーと原則論

(1)動力学的カテゴリー

『純粋理性批判』において動力学的という概念が問題となるのはなによりもまずカテゴリー論および原則論においてである。なぜなら、量と質のカテゴリーが数学的であるのに対し、関係と様相のカテゴリーは「動力学的 dynamisch」とみなされているからである。カテゴリー論の場合、量と質のカテゴリーが数学的と称されているのは、すぐ後に原則論の前半で触れるように、この二つのカテゴリーにおいては外延量と内包量という「量」が問題となるからであり、さらに物理的な物質運動を数学的に処理しているニュートン力学を念頭に置いているためであろう。これに対し関係と様相のカテゴリーが動力学的とみなされているのは（これについては原則論の後半で触れることにするが）、動力学的な二つのカテゴリーによってカントはニュートン力学を基礎づけようとしているからであろう。つまり、カントは「世界」と「自然」とを区分し、前者を「すべての現象の数学的全体」と規定しているのに対し、後者を「動力学的全体として考察されるすべての現象」と規定している（B. 446-447 傍点筆者）。前者の規定はニュートンにおける力学的規定であり、後者の規定はカントにおける動力学的規定である。数学的と動力学的というカテゴリーの相違は、カントが後者（自然）によって前者（世界）を基礎づけようとしている姿勢とみなすことができる。

ただし、動力学的カテゴリーだけではなく、数学的カテゴリーをも含めたカテゴリー全体がそもそも動力学的であると想定されているように思える。というのも、カテゴリー全体は「可能的経験における思考の条件」（A. 111）であり、「思考形式」（B. 150）、つまり思考における形相（本質）だからである。カテゴリーが「思考の条件」「思考形式」であるとすれば、また前章で述べたように思考活動が魂の潜勢によってのみ可能であるとするなら、カテゴリー全体は魂の身体への潜勢によってのみ可能だからである。『プロレゴメナ』では「すべての現象は……諸規則の総括［カテゴリーの全体］として可能である」（Prol. 4 : 318）と述べられている。なぜなら、そうでないとすれば「どこにも自然、すなわち規則に従った諸現象の多様の総合的統一は存在しないであろう」（A. 126-127 傍点筆者）からである。この場合「自然」とは、先ほど触れたように、「動力学的に考察されるすべての現象」のことである。したがって現象のすべてがカテゴリーに従わないとすれば、魂の潜勢による動力学的認識は存在しないことになり、現象のすべてがカテゴリーに従っている以上、カテゴリー全体は動力学的であるとみなしうることになる。

もちろんカテゴリーによってのみ認識が可能なわけではない。「われわれは……経験とのかかわりにおいてだけ、経験の限界内で物の可能性を認識」（A. 224 / B. 276）することができるからであり、物の現実性を認識するためには「知覚、つまり意識している感覚」（A. 225 / B. 272）を必要としているからである。要するに、カテゴリーがたんなる思考形式であるとしても、それが知覚経験とかかわらなければ客観的認識は生じないことになる。そしてこのような思考形式および認識構造そのものが、「魂の潜勢による思考活動」の構造であると想定することができるのである。なぜなら、たんなる思考のためだけであっても「魂は、身体が思考によって同時に触発されない場合には何も思考しない」（L1. 28 : 1. 259 傍点筆者）からである。「講義」において、魂は脳を含めた身体との共同作用によってのみ思考を可能にすると確信されていた。客観的認識のためには神経組織による外的データの受容が不可欠であり、外的データの受容のためには直観や知覚が不可欠である。そしてカテゴリーは「すべての現象の総括としての自然［動力学的全体としてのすべての現象］に……アプリオリに法則を指定する概念」（B. 163）なのである。要するに「悟性は、その諸法則（アプリオリな）を自然から汲み取るのではなく、それらを自然に指定する」（PG. 4 : 32　傍点筆者）のである。ここにカントの形而上学的力学としての動力学の独自性をみることができるであろう。要するに、カテゴリーは全体として動力学的であり、その上でカントはカテゴリーを数学的と動力学的とに区分しているとみなしうるのである。この観点を踏まえた上で「カテゴリーの原則論」

を検討することにしよう。

⑵動力学的原則

原則論はカテゴリーに即して四つに区分されている。いずれにおいてもたんなる思考の形式にすぎないカテゴリーが経験の対象とかかわるために、「図式」（超越論的時間規定）が媒概念的に用いられ、原則論は数学的原則と動力学的原則とに分けられている。数学的原則では第一の原則として空間的・時間的な量としての「外延量」が扱われ（「直観の公理」A. 162 / B. 202以下）、第二の原則として、例えば「熱の温度差」や「色彩の濃度差」等々の感覚的な質的強度としての「内包量」が扱われることになる（「知覚の予料」A. 166 / B. 207以下）。つまり数学的原則においては、現象が数学的総合の規則によって量的に（外延量および内包量として）、アプリオリに構成されることが示されている（A. 179 / B. 221）。これに対し動力学的原則では現象の「現実存在Existenz」とのかかわりが原則的に示されることになるが、カントは「結合」という観点から数学的原則と動力学的原則との違いを次のように説明している。

すべての「結合conjunctio‐Verbindung」は「合成compositio‐Zusammensetzung」と「連結nexus‐Verknupfung」とに分けられる。「合成」とは例えば正方形が二個の三角形の総合であるというような場合の数学的結合であり、「数学的に考察しうるすべてのものにおける同種、のものの総合」である。それは「互いに必然的関係を持たない」総合であり、また「同種のもの」の関係である以上、合成の場合には量的関係が、つまり外延量と内包量が扱われる。以上が数学的原則の基本である。他方「連結」は例えば原因と結果の関係におけるように、「互いに必然的関係を持つ」総合であり、これが動力学的原則の基本となる。そして連結は「現象相互の物理的結合」と「現象の形而上学的結合」とに区分されるが（A. 162 / B. 201 注）、前者は第三の原則として「経験の類推」（A. 177ff. / B. 218 以下）において、後者は第四の原則として「経験的思考一般の要請」（A. 218ff. / B. 265 以下）において扱われることになる。物理的結合にかかわる「経験の類推」は「現象の現実存在をアプリオリな規則に従わせる原則」（A. 179 / B. 221）である。そしてこの「類推」は基本的な考え方として「数学の類推」を参照にしてはいるが、しかし「数学の場合とは異なっている」（A. 179 / B. 222）。つまり、数学の場合例えば「2：3＝4：6」という式は形式的な量として導き出されるのに対し、哲学の類推の場合、第一項は現実に生じている「現象A」（例えば〈風が吹く〉）であり、第二項はこれに継起する「現象B」（例えば〈樹木が揺れる〉）である。そしてここから「経験を統一する規則」として「第三項（原因）」と「第四項（結果）」という「アプリオリな規則」が導き出されることになる。要するに「現象A：現象B＝原因：結果」となるわけである。したがって哲学における類推は、数学のように「二つの量的関係の等しさ」を示しているのではなく、例えば現象界における因果性（原因性）のような「質的関係の等しさ」を示しているのである（A. 179-180 / B. 222-223 参照）。つまり、数学的な「量」ではなく現実存在にかかわる「質」を問題にしている限りにおいて、哲学的類推は物理的結合なのである。そしてこのようにしてわれわれは「知覚の経験的結合［原因と結果の結合］の原則」という類推の手引きにしたがって、「われわれの現実の知覚から可能的知覚の系列」に到達することができるのである（同）。

さて、法則的形式としての「原因と結果」の関係は現実に生じるあらゆる現象の「原因と結果」に妥当する。つまりこの形式はアプリオリな条件として現実のすべての因果的現象に潜勢しているのである。これが第三の原則としての連結における「現象の物理的結合」の問題であるが、この原則が動力学的であるのは、この原則が現象にアプリオリに潜勢しているとみなされるからである。また、カントはこうした類推に基づいて――この点は最後の「様相のカテゴリー」において問題にされているのであるが――「観念論」を次のように論駁《ろんばく》することになる。「われわれが経験から始めないなら……何らかの物の現実存在を推測したり探求しても、それは空しい誇示にすぎない。……このような規則に強烈に反対しているのが観念論なのである」（A. 226 / B. 274）、と。もちろんカントは「経験から始める」といってもヒュームのようにすべてを経験から始め、科学的な必然的因果性をたんなる習慣に帰せしめようとしているわけではなく、カテゴリーというアプリオリな機能によって科学的因果性における必然性を確認しようと試みているのである。要するに「ヒューム的懐疑」とその対極にある「観念論」とをともに論駁しているのである（「観念論論駁」B. 277以下参照）。つまり、アプリオリな形式を現象に潜勢させることによって経験が構成されるという観点にカント動力学の独自性をみることができるのである。

さて最後の第四の原則「様相のカテゴリーの原則」は「経験的思考一般の要請」であり、これが連結における「現象の形而上学的結合」の問題となる。この場合、形而上学的という形容が意味しているのは、経験的結合一般の「アプリオリな条件」を示すということである。というのも、「感性論」における「直観の形而上学的究明」が形而上学的であったのは空間・時間を「アプリオリに与えられたものとして示す」（A. 23 / B. 38）ことだったからである。またカテゴリーの「形而上学的演繹」ではカテゴリー一般の「アプリオリな起源」が問われていたからである（B. 159参照）。要するに、形而上学的という形容が意味しているのは、扱われている主題のプリオリテートを明らかにすることなのである。

様相のカテゴリーの原則は「可能性」「現実性」「必然性」という三つの様相において考察されているが、形而上学的という概念との関係でとりわけ重要となるのが可能的である。つまり、「物自体そのものの概念」は実在性をすべて所有しているという概念にほかならない。

「われわれの理性における全面的な規定の根底には超越論的基体が置かれており、この基体が、そこから物のあらゆる可能的述語が取られうるいわば素材の全貯蔵を含むとすれば、この基体は実在性のすべて omunitudo rearitatis という理念にほかならない」（A. 575-576 / B. 603-604）。それは「根源的存在者 ens originarium」、「最高存在者 ens summum」、「あらゆる存在者の存在 ens entium」、要するに「超越論的な意味で考えられた神の概念」（A. 578-579 / B. 606-607）にほかならない。「可能的述語の全貯蔵を含む」とすれば、それは「可能的なもの」の全領域であることになる。要するに、「われわれのあらゆる経験は実際すべて可能的経験の全体のうちにある。そしてすべての経験的真理に先行し、それらを可能にする超越論的真理は、この可能的経験に対する普遍的関係のうちで成り立つ」（A. 146 / B. 185）のである。このような想定は大枠で考えれば基本的にプラトン的な「イデア界（真実在としての自体的存在の世界）」と「感性界（可能的経験の世界）」との関係を前提にしていると思えるが、カントはさらに「すべての知覚が一貫した合法則的関係をなすものとして表象されるような経験は、ただ一つ」（A. 110）と明言している。そうだとすれば感性はあらゆる可能的経験を成立させる「イデア的な自体的世界」に触発されていることになる。というのも、そこにこそ「可能的述語の全貯蔵」が含まれているからである。そしてこの「唯一の可能的経験」こそ動力学的な意味を担っているとみなすことができるのである。

福谷茂は、カントにおける「唯一の可能的経験」は「現実の経験がそこで現実の経験として登場しうる場所として、現実の経験に先行して成立していなければならない」ところの、「あらゆる現実の経験をvirtuell［潜勢的］な仕方であらかじめ包括している全体」にほかならないとみなしている（「福谷」九五頁）。「われわれのあらゆる経験すべて」が「あらかじめ可能的経験の全体のうちに潜勢している」からこそ、可能的経験の全体は現実の経験に対し、現実の経験に先だってアプリオリに潜勢的に、したがって動力学的にかかわることができるのである。カントが「経験的思考一般の要請」を「動力学的な原則」とみなした根拠をここに求めることができるであろう。そして以上のように理解しうるとすれば、「アプリオリな総合判断」の必然性と普遍妥当性はこのような根源的な諸条件によって支えられているとみなしうることになる。そこで、「アプリオリな総合判断」の可能性がどのようにとらえられるのかを検討することにしよう。

「感性論」において、カントは直観の「形而上学的究明」に次いで「超越論的究明」を行っている。超越論的究明においては空間が幾何学の原理であり、時間が算術の原理であることの究明と、これら二つの学問がともにアプリオリな総合判断であることの究明が試みられている。空間にかんしては幾何学がアプリオリな総合判断であることについて、カントは「二点間の直線は最短の線である」（B. 16）という命題を例として挙げているが、この命題による証明は証明としては難解であり、さまざまな解釈がなされている。諸解釈のうちではハイムゼートの解釈が明瞭である。ハイムゼートは空間が与えられた無限量という全体としてアプリオリに与えられていることを前提に、幾何学がアプリオリな総合判断であることの可能性を次のように検討している。(18) つまり、空間の全体はあらかじめアプリオリに与えられている。それはアプリオリな空間全体は直観形式というわれわれの認識能力だからである。この全体を経験的に区分することによってのみアポステリオリな、経験的な部分空間が生じることになり、すべての部分空間は総合的に与えられることになる。あらゆる幾何学的命題は部分空間を扱うゆえに空間は幾何学の原理なのであるが、幾何学の命題はすべてアプリオリな全体を前提とした総合的命題、つまりアプリオリな総合命題にほかならないことになる。

また時間にかんしては算術がアプリオリな総合判断であることについて、カントは「7＋5＝12」という算術を例として挙げている（B. 15)。なぜこの数式が時間と結びつくのかはこの箇所におけるカントの説明だけでは十分に理解できないが、『プロレゴナ』第十節を読むと理解することができる。つまり、算術は「時間における単位の継起的な付加によって成立する」とみなされているのである（Prol. 4 : 283)。要するに、「7」という数は数の最小単位である「1」を七回時間に従って継起的に付加することによって成り立つとみなされているのである。そしてこれに「5」を、つまり「1」を時間に従って継起的に五回付加することによって「7＋5＝12」という算術がはじめて成立するとみなされている。そうすると「7＋5＝12」というこの算術は、「空間の全体」の場合と同様に、直観形式であるアプリオリな時間の全体を前提とした上で、アポステリオリに「1」という数の単位を12回時間に従って総合する「アプリオリな総合判断」にほかならないことになる。

空間においても時間においても、アプリオリな全体は、それが形式である以上、感性界には存在しえず、「形相的な自体的存在の世界」にしか想定しえない。したがって、幾何学および算術におけるアプリオリな総合判断はイデア的な形相的世界という「アプリオリな条件」を前提とした、感性的世界におけるアポステリオリな判断であるとみなすことができる。そして時空間のアプリオリな全体は直観形式というアプリオリな認識能力であるが、このことがカントにおける「超越論的」という概念の意味であるとみなすことができるだろう。なぜなら、超越論的とは「対象についての認識の仕方がアプリオリに可能である限りにおいて、この認識の仕方とかかわるすべての認識」（B. 25）という意味だからである。要するに、超越論的とは「アプリオリな認識諸能力」と「認識」との関係（Prol. 4 : 293）、「アプリオリな条件」を前提とした「アポステリオリな認識」のことなのである。そうだとすればアプリオリな総合判断は動力学的判断と重なり合う。なぜなら、先に検討したように感性界を超越しているアプリオリな全体がアプリオリな認識諸能力を介して感性界に潜勢し、感性界を成立させている状態を動力学的とみなしているとすれば、超越論的という概念（それは批判期になってから意識的に使用されるようになったのであるが）と、動力学的という概念とは外延を共有しているとみなしうるからである。ただし、この二つの概念がまったく重なり合うかどうかについては後に触れることにする。

さて、以上のように第四の原則にかんしてはここまでのところ「現象の形而上学的結合」を検討し、アプリオリな条件としての自体的存在の世界が可能的経験の世界に潜勢することによって初めてアプリオリな総合判断が可能になるという問題について考察してきた。実際、「可能的経験一般のアプリオリな条件」こそが同時に「経験の対象の可能性の条件」（A. 111）なのである。前者は形而上学的「原因」であり、後者はその「結果」である。現象における原因と結果の結合が形而上学的であるのはこのためである。デミウルゴスは真実在としてのイデアを参照しながら、それに似せて現実世界を設計したのである。

ところで、二つの動力学的原則は二つの重要な問題を提起している。それは「因果性」と「必然性」という問題である。つまり、カントは自然法則の中でもとりわけ因果法則を重視し、「関係のカテゴリー第二項」において因果性を扱い、これに呼応してその原則においても「第二の類推」で因果性の法則を扱っている。そして因果性の場合アプリオリに知ることができるのは「すべての出来事には原因が存在する」ということであるが、しかしこの原因をアプリオリに知ることはできないのである。そこでカントはその後「二律背反」においてこの原因を理性によって推理することになる。それが二律背反の「第三の抗争」である。また「様相のカテゴリー第三項」における必然性は、これに呼応してその原則においても扱われることになるが、この必然性の最終的な根拠はここでは示されていない。そして必然性という この問題も、因果性の場合と同様、その後「二律背反」において、今度は「第四の抗争」として扱われることになる。この場合、因果性を扱っている第三の抗争と必然性を扱っている第四の抗争とが「動力学的二律背反」とみなされているのである。以上の点に留意した上で二律背反の問題を考察することにしよう。

2　理性と動力学的二律背反（「調停」3）

カント以前には曖昧であった悟性と理性との区分が、「客観的認識能力としての悟性」と「推論する能力としての理性」として、カントによって明確に区分されることになった。そしてこの区分に基づいてカントは「純粋悟性概念」と「純粋理性概念」とを明確に区分することになる。「理念すなわち純粋理性概念とカテゴリーすなわち純粋悟性概念とをまったく異なった種類と起源と使用とを有する認識として区分するということは……きわめて重要な点であり、……純粋理性の超越的課題を満足させようとするすべての無駄な努力よりも、多くの貢献をしたであろう。この無駄な努力は昔から企てられてきたのであり、そのさい、……悟性概念と理性概念とが、まるで同じ種類であるかのように、ひとまとめに数え上げられたのである」(Prol. 4 : 328-329)。要するに、認識論の領域において理念はカテゴリーのように直接現象を構成する構成的原理なのではなく、「悟性概念に対して最大の統一および拡大」を与える統制的原理とみなされている（A. 644 / B. 672)。悟性と理性とのこの区分は従来の形而上学への根本的な批判となっているのであるが、カントにおける理性の作用をもう少し詳しく検討してみよう。

悟性が「現象界《フェノメノン》」にかかわるのに対し、理性は現象界を超える「英知界《ヌーメノン》」にかかわることになるが、この英知界こそ本来の形而上学の領域である。そして英知界の領域において理性は論理的に推論することによって最終的に形而上学の三つの課題（理念）に達することになる。またこの推論は客観的認識ではないのであるから、悟性におけるようにカテゴリーに基づいてなされるわけではなく、形式論理学における「関係の判断」に従ってなされることになる。つまり、この推論はまず定言的理性推理に基づいて、認識する主体の最終的前提である「私そのもの」（魂の単純性）という理念に到達する。要するに「私」のすべての経験を条件づけている最終的前提（無条件者）に達することになるわけであるが、この理念がヴォルフにおける「(合理的)心理学」の対象である。次に仮言的理性推理に基づいて、認識される対象の最終的前提である「現象の総体」(宇宙の普遍性)という理念に到達する。要するに認識される対象の無条件者に達することになるのであるが、この理念がヴォルフにおける「宇宙論」の対象である。最後に選言的理性推理に基づいて、認識する主体および認識される対象双方の最終的前提である「神の存在」という理念に到達することになる。これがヴォルフにおける「神学」の対象となるわけである。以上の三つの理念は経験領域を遥かに超えているが、カントはそれらが正しく推論されていれば、「客観的妥当性を持つ」(A. 311 / B. 368)とみなしている。ただし、先に触れたように、これらの理念はあくまでも統制的原理である以上、その現実存在は証明されえない。それにもかかわらずカント以前の形而上学ではこれら諸理念の客観的実在性が主張されてきたのである。カントはこのような主張を「偽りの推理」であると厳しく批判することになるが、この問題を扱っているのが「超越論的弁証論」である(A. 293 / B. 349 以下)。

カントにとって「弁証論 Dyalektik」とは偽りの論理学であり、仮象の論理学である。そしてこの仮象の論理学の問題として理念が扱われ、理念にかかわる問題として「純粋理性の二律背反」が論じられているのである。「第一批判」の二律背反においては三つの形而上学的課題のうち「宇宙論的理念」だけが扱われることになる。なぜなら、心理学的理念および神学的理念には矛盾はなく、二律背反はまったく存在していないのに対し、宇宙論的理念にのみ二律背反が含まれているからである（A. 673 / B. 701）。さて、「理性的宇宙論の超越論的原則」は経験領域を遥かに超えているゆえに、「現象とは合致させられえない理念」（A. 408 / B. 435）であり、原因と結果の連鎖に基づく「現象の総体」という理念にかかわることになる。この場合、二律背反は「純粋理性の法則の自己矛盾」（A. 407f. / B. 701 参照）であり、カントは二つの観点からこの矛盾をとらえることになる。つまり一方の「定立《テーゼ》」は合理論の観点、もう一方の「反定立《アンチ・テーゼ》」は経験論の観点であり、ここでも合理論と経験論との調停が計られることになる。そしてカントはこれを「四つの抗争」として比較検討することになるが（A. 426 / B. 454 以下）、この四つの抗争は大きく二つのグループに分かれる。第一のグループは「第一・第二の抗争」であり、「数学的二律背反」と称されている。第二のグループは「第三・第四の抗争」であり、「動力学的二律背反」と称されている。ただし、カテゴリーの場合と同様、二律背反全体がそもそも動力学的であると考えられるのであり、その上で数学的と動力学的とに区分されているのである。

「第一のグループ」は感性にかかわり、基本的に数学的な量（外延量と内包量）の問題であり、それゆえ数学的なのである。つまり、「第一の抗争」では世界が「時間的な始まり」と「空間的な限界」を持っているのか（定立）、いないのか（反定立）が、「第二の抗争」では現存するものが「単純なものとそれらから合成されたもの」であるのか（定立）、ないのか（反定立）が問われている。カントはここでは定立、反定立ともに同じ一つの誤った前提に立脚しているとして双方とも退けている。なぜなら、いずれもわれわれ人間が感性的に受容しえない事柄を前提にしているからである。要するに、人間の認識能力によっては「世界の時間的始まり」や「空間的限界」は直観されえず、また「単純なもの」の現存は知覚されえないにもかかわらず、この二つの抗争においては感性によって受容しえない事柄があたかも認識可能であるかのように前提されており、そこでカントはこれらのいずれをも退けているのである。

これに対し「第二のグループ」では形而上学的な課題が問題とされ、定立に対しても反定立に対しても「満足のゆくよう調停が計られる」（A. 529f. / B. 557f.）ことになる。そしてここにおいて先に原則論において問題としたように、因果性と必然性とが考察されることになる。つまり、「第三の抗争」においては「自然の諸法則に従う因果性」以外に「自由による因果性」が想定しうるのか（定立）、しえないのか（反定立）が、「第四の抗争」においては「世界の原因として端的に必然的な存在者」が現存するのか（定立）、しないのか（反定立）が問題とされることになる。カントはこの二つの抗争において英知界と現象界という二領域を区分することによってこれらの抗争の解決を計ることになる。つまり、第三の抗争の場合、現象界においてはすべてが「自然法則」に拘束され、自然の因果性に条件づけられているために自由の余地はありえないが（反定立）、このような現象界は「自由意志」によって（この自由意志は必然的存在者［神］のそれ以外ではありえないだろう）創造されたと推論され、したがって現象界以外にこの現象界を自らに由って、自由意志に基づいて創造しうる「自由に基づく因果性」が想定されることになる（定立）。こうして「自然の因果性」と「自由の因果性」という「二種類の因果性」が想定されることになる「第一原因」を想定することによって、「経験の抗争において最終的な無条件者としての「第一原因」を想定することによって、要するに、この類推」のうち因果性の問題に対して形而上学的に最終的決着をつけようとしているのである。また「第四の抗争」では、英知界のうちに「世界の原因」である「端的に必然的な存在者」を想定することによって、つまり最終的な無条件者としての必然的存在者［神］を想定することによって、「原則論」の「経験的思考一般の要請」における「必然性の問題」に対して形而上学的に最終的決着をつけようとしているのである。要するに、この二つの動力学的抗争においてカントは形而上学的な英知的領域と感性的な現象的領域とがともに矛盾なく共存しうるとみなすことによって合理論と経験論とを調停し、二律背反の解決を計りながら、理論理性から実践理性への巧みな移行を企てているのである。このような因果性と必然性についての二律背反における解決にともなう動力学的な意義については第四章で考察する。

さて、第一章で最後に扱った「講義」において示したように、思考が生じるのは魂の身体（脳）への潜勢による両者の共同作用のためであった。魂と身体とのこの共同作用なしにはいかなる思考も生じないのである。この意味において理性推理に基づく二律背反の全体は、推理そのものが思考であるゆえに、カテゴリーの場合と同様に動力学的である。形而上学的問題にかかわる「第二のグループ」が動力学的と形容されているのはこのためである。(19)

そして哲学史的な大きな枠組みからとらえてみれば、「第一批判」の全体は、「カテゴリー論」にしろ「三段論法的推論」にしろ、アリストテレス的枠組みで構成されている。しかし内容的に考慮してみると、「アプリオリな自体的存在の世界」と「アポステリオリな現象界」との断絶が前提されており、プラトン的に理解されていると考えられる。今触れた「魂と身体との共同作用」も「断絶」を前提にしてのみ可能なのであり、「第一批判」において現象界はイデア的な自体的存在の世界に制約されており、感性がこの自体的世界に触発されることによって可能になるとみなすことができ、それゆえ動力学的なのである。このように考えることができるとすれば、カントは「第一批判」においてプラトンとアリストテレスを「調停」しようとしているとも考えられるであろう（もっとも合理論の原点としてプラトンを、経験論の原点としてアリストテレスを想定しうるとすれば、この調停は不自然ではないだろう）。

さて動力学的という観点からすれば、批判期において著述された自然学的著作『原理』を検討してみる必要がある。というのも、次章で述べるように『原理』第二章では「動力学の形而上学的原理」が扱われており、ほぼ同時期に著述された「第一批判」における動力学的という概念と、『原理』における動力学との関係を比較する必要があるからである。また「一般形而上学」と「特殊形而上学」の関係も問題となる。ただ、カントにおいて前批判期と批判期とでは思考の枠組みが大きく変化しているゆえに、前批判期における動力学的という概念をそのまま批判期に直結するのは問題であろうと反論する人もいるだろう。確かに一般的に考えても、例えば神について前批判期に比べ批判期ではほとんど言及されていない。しかしカントの場合、前批判期において確信していた見解が批判期以降になっても、表現の仕方そのものは大きく変わっているとしても、実は基本的に変化していないと思える場合がしばしばみられる。例えば「燃焼」という現象をめぐる見解の場合がそうである。そこで燃焼にかんするカントの見解について考察し、その後に『原理』における動力学の問題を『純粋理性批判』の場合と比較検討することにしよう。

3 「燃焼現象」をめぐって

ラヴォワジェは空気が酸素と窒素の混合物であることを発見し、それ以前のシュタール(20)による「フロギストン説」を正すことにより(『化学綱要』一七八九年)、「近代化学の創始者」とみなされるようになった。カントはラヴォワジェの著作を直接読んではいなかったようであるが、ラヴォワジェのこの理論を当時のドイツ科学雑誌等を通じて知り、この理論が科学史における本質的な転換であることを十分理解していたようである。[21]

一七八七年の段階では、つまりラヴォワジェの「発見」以前にはカントはシュタールをガリレイ等と並び称している。「第一批判」では「シュタールが……金属を石灰に、石灰を再び金属に変化させたとき、一条の光があらゆる自然科学者たちにさしかけたのである」(B. XIII)とシュタールを絶賛し、その「フロギストン説(燃素説)」が「理性自身が自らの構想に従って産出するものだけを洞察している」(同)とみなしている。シュタールによるフロギストン説とは、金属を空中で強く熱し揮発性成分を除いて石灰化することによってこの金属からフロギストンなるものが追放され、それによって金属は酸化され金属灰となるが、この金属灰を、フロギストンを多く含むとみなされていた木炭と一緒に熱すれば、再びフロギストンが与えられてもとの金属に戻るという説である。[22] フロギストン説に限らず、当時カントはシュタールの思想に共感している。前批判期においても例えば『形而上学の夢によって解明された視霊者の夢』において、シュタールの「生気説」を「機械論的な諸根拠に依存する」他の科学者たちよりも「いっそう真理に近いことが多い」と称賛している(TGT. 2 : 331)。

前批判期および批判期におけるこのようなシュタールへの同調や称賛を考慮すれば、当時カントがシュタールについてほぼ全幅の信頼を寄せていたことがわかる。しかしラヴォワジェの「発見」を知ってからは、シュタールへのこの称賛は、ラヴォワジェへと取って代わられることになる。例えば『人倫の形而上学』では次のように述べられている。

「原理に基づく真の哲学体系は一つしかありえない。したがって、徳は一つだけであり、その学説も一つしかない。……（ラヴォワジェによる）化学は一つしかない、という化学者の主張も……正しい。とはいえ……昔の人々による……数々の発見や失敗した試みがなければ、われわれは一つの体系において哲学全体を真の原理によってこのように統一することはできなかったであろう……」（MS. 6 : 207）

また『実用的見地における人間学』（以下『人間学』と略記）では次のように述べられている。

「もしアルキメデス、ニュートン、ラヴォワジェ級の学者がその勤勉さと才能を備えたまま生命を減退させることなく自然から数世紀にわたって長生きする寿命を授かっていたとするならば、どれだけの学識とどのような新しい方法の発明がすでに現在までに貯えられていたことだろうか」(Anth. 7 : 325-326)

ここではフランス革命の最中に断頭の刑に処されたことへの哀悼も込めながら、ラヴォワジェがアルキメデスやニュートンと並び称されている。そしてラヴォワジェが反フロギストン説に立脚している以上、ラヴォワジェを称賛するカントもまたこれまでとは違ってシュタールに対して否定的になって当然であろう。一般的に考えてもフロギストン説は燃焼にかんする諸現象だけしか説明していないのに対し、ラヴォワジェの酸素説は化学的現象の大部分を説明しているし、さらにフロギストンなる物質は仮説にとどまるのに対し、酸素にかんしてはイギリスの化学者プリーストリー[23]の電池を用いた実験(一七七四年)によってその存在が明らかにされている(「Lequan」p.124参照)。ラヴォワジェの燃焼理論を知って、カントは完全にフロギストン説からは離れることになったと考えて当然であろう。しかしながら、カントがラヴォワジェに言及している晩年のもう一つのテキストを参照してみると、この見解は成り立たなくなる。つまり一七九〇年と記された「省察66」において、カントは次のように述べている。

「ラヴォワジェによれば、シュタールのいう脱フロギストン化された何かがあった場合、そこに純粋な空気［酸素］が加われば、つまりこの何かがフロギストン化されれば、そこに純粋な空気が取り戻されることになる」（14 : 489）

驚くべきことに、晩年になってもカントはフロギストンと酸素とを混同している、ないし同一視しているのである。ニュートン的引力を動力学的な物質の本質とみなしていたように、カントはラヴォワジェが酸化とみなした燃焼現象をシュタールのフロギストン化現象と同じものと考えているのである。その理由は、ラヴォワジェについてカントが参照していた解説書が新フロギストン派とみなされる人たちによるものであったと考えられるからである。[24] これらの解説書はカントの個人図書室に所有されていたと伝えられている。「新フロギストン派」とは当時（一七七〇～九〇年）ドイツにおいて化学の主流であり、シュタールの強い影響下にあった人たちである。「燃焼というテーマにかんして、これらの化学者たちはシュタールとラヴォワジェ……との関係を分断することを拒んでいるのである。彼らが提案しているのはこの二人の体系の総合である」（「Lequan」p.126）。したがって、カントにとってシュタール説とラヴォワジェ説とは相反するどころか調停されて当然なのである。シュタールを否定してラヴォワジェだけを近代化学の創始者として称賛することなどありえないのである。しかし、そうはいっても『人倫の形而上学』と『人間学』における先の引用文ではラヴォワジェだけが称賛されていたのではないだろうか。もう一度、注意深くこれらの引用文を検討してみることにしよう。

『人間学』の方は「もしラヴォワジェが長生きしていたら、新しい方法が発明されていただろう」と要約することができる。したがってラヴォワジェは新しい方法を「発明」してはいないことになる。同じ『人間学』§57では「何かを発明する erfinden ことは、何かを発見する entdecken こととはまったく別のことである」(Anth. 7 : 224)と明言されている。例えばコロンブスがアメリカ大陸を発見した場合のように、発見とはすでに存在しているものを見つけることである。これに対し発明の能力とはこれまでには存在していなかったものを生み出す「天才」の能力であり、「独創性」を意味している(同。さらに「Lequan」p.126 参照)。この観点に従えばカントにとってラヴォワジェは発明者ではなく発見者にとどまり、ラヴォワジェの業績は他の何者かによって発明された業績を推進させているにすぎないことになる。もう一方の『人倫の形而上学』からの引用文も再検討してみよう。これを要約すれば、「(ラヴォワジェによる)化学は一つしかないという化学者たちの主張は……正しい」のであるが、しかし新しい体系が見出されたとしても、それが「真の原理」に基づいて「一つの体系」として統一されうるためには、「数々の発見や失敗」という「昔の人々」の貢献が必要だったのである、ということになる。この引用文ではラヴォワジェの名前は括弧でくくられ、「化学は一つしかない」ことの方が強調されている。それと同時に一つしかない化学を真の原理によって統一するためには「昔の人々の貢献」を必要とするという歴史的な展望が重視されている。要するに、ラヴォワジェが新しい体系を見出したとしても、カントにとってそれは発明なのではなく、それ以前の人々の数々の業績の上に成り立つ一つの発見にすぎないと解釈することができるだろう。ラヴォワジェによるこの発見も、もしかすると次の世代の化学者によって失敗とみなされるかもしれないし、あるいは段階的な一つの発見にすぎないのかもしれないのである（「Lequan」p.123 参照）。

このように再検討してみると、この二つの引用文から推察されるのはカントは近代化学の真の原理を発明した真の創始者をラヴォワジェ以外の、彼以前の化学者のうちに見出しているのではないかということである。確かにこの件にかんしてカントが明言している文献があるわけではない。しかし、そのように考えないとすれば、カントのラヴォワジェへの評価（称賛しながらも絶対視していない）を理解することはできないのである。そこで問題となるのが先に引用した「省察66」である。ここでのフロギストンと酸素との同一視を考え合わせてみると、カントはどうやらシュタールのうちに「近代化学の真の原理の発明者」を見出しており、その延長線上にラヴォワジェの業績を位置づけているとみなすことができる。このように考えることができるとすれば、シュタールのフロギストン説こそ「理性自身が自らの構想に従って生産するものだけを洞察している」という、あの「第一批判」における見解は、晩年に至っても揺るぎない確信だったと考えられるのである。シュタールが何らかの失敗を犯したとしても、それでも彼が真の原理の発明者なのであり、この発明に基づいてラヴォワジェはシュタールの失敗を修正しているにすぎないことになる。「省察66」にみられる古いフロギストン化学における諸タームは「ラヴォワジェの新しさを軽減するだけではなく、それを撤回してしまうことになる」（「Lequan」p.137）のである。カントは燃焼説の革新性をたんなる用語上の相違に帰することによって、ラヴォワジェの業績をいわば「無に帰そうとしている」（同）のである。

以上のように、化学にかんしてカントが初期から晩年に至るまでこのように一貫した考えを持っていたとするなら、「数学―自然科学」対「形而上学―自然の形而上学」という対立関係についても、あるいは「物質の本質」という問題についても、初期から晩年に至るまで一貫した考えを持っていたとしてもそれほど不自然ではないだろう。シュタールという名前の代わりにラヴォワジェという名前が使われるようになったとしても、また神の代わりに、英知界という名称が使用されるようになったとしても、カント自身の考え方は基本的にそれほど大きく変化してはいないのではないだろうか。この点を考慮した上で『原理』における動力学と「第一批判」における動力学的という概念との関係を考察することにしよう。

第三章

『自然科学の形而上学的原理』における動力学

1　『純粋理性批判』と『自然科学の形而上学的原理』――「一般形而上学」と「特殊形而上学」

「第一批判」と『原理』との関係が問題となるのは一七七〇年の『形式と原理』の頃である。この段階では当初『原理』の執筆がもくろまれていたが、その途中で予備学としての「第一批判」を『原理』に先行させることが企てられたのである（SI. 2 : 395 §8 参照）。この点にかんしてはランベルトとの往復書簡に詳しい（一七六五年十二月三十一日および一七七〇年九月二日付参照）。この当時カントは「自然の形而上学」を一般形而上学と特殊形而上学とに区分し、前者を「第一批判」で、後者を『原理』で扱うことを計画していた。

第一章で述べたようにカントは魂と物質との動力学的な関係を探っている脳理論において、とりわけ魂と物質との共同作用を中心的に扱っているが、その前提として一般形而上学と特殊形而上学との関係が前提されている。つまり、魂のうちにアプリオリに刻印された「認識諸能力のプリオリテート」を解明するのが一般形而上学であり、「第一批判」においてこの問題は英知界と現象界との関係を前提として構想されている。これに対し、物質的現象に固有な関係としての「物質相互の力関係」の解明が、要するに物理的な「物質一般の可能性」と「物体的運動への数学の適用可能性」の解明が特殊形而上学として『原理』において構想されている。そして一般形而上学と特殊形而上学とはいずれも動力学的関係に立脚しているとみなすことができる。

つまり、形而上学という観点からみれば、ヴォルフが提起したように、魂は私自体という英知的な理念の一つである。カントは理念にかんして次のように述べている、「プラトンは理念という表現」を用いたが、「理念」は「感官からは決して借りてこられないものである」、というのも「経験のうちには理念に完全に合致するものが決して見出されない」からである、と。さらに「プラトンにとって理念は物そのものの原型［自体的存在］」である（A. 313 / B. 370）と述べてから、「プラトンがきわめて正しく気づいていた」のは、われわれの認識能力は経験よりも「遥かに高い欲求を感じているということ」であり、プラトンは、「われわれの理性」は「経験が与えることができる何らかの対象がいずれは合致しうる、認識の範囲を遥かに超える諸認識へと飛翔するということ」にも気づいていたとみなしている（A. 314 / B. 370-371)。ここにおいてカントは「理念」を「英知界《ヌーメノン》」における、つまりプラトン的イデア界における「自体的存在」であると前提した上で私自体である魂もまたこのような理念の一つであり、魂という自体的存在がわれわれの身体に潜勢することによってわれわれの認識諸能力が作動するとみなしている。そしてこのように前提した場合、魂が自体的存在の状態にとどまっていれば、魂は「可能的経験の全体」を遥かに超える、「アプリオリな体系」とかかわっている。しかし魂が身体へと潜勢している状態であれば、魂は可能的経験の全領域とかかわることになるが、その場合、可能的経験の全体をアプリオリにあらかじめ備えていることになる。そしてこのような関係を前提としてアプリオリな認識諸能力を解明しようと試みているのが一般形而上学であり、これら諸能力がかかわる経験的で物理的な物質的諸関係を解明しようとしているのが特殊形而上学であるとみなすことができる。したがって一般形而上学と特殊形而上学という二つの形而上学によって「自然の形而上学」全体が構成されており、またこのように考えることによってのみ、「すべての形而上学」は「アプリオリな諸概念や諸原則を含む」（MA. 4 : 427）と理解されているのである。

『原理』においてはニュートン力学が中心的な主題の一つであり、その場合、加速度や質量等の「数学的に処理されている諸原理や諸法則」が問題となっている。そしてカントはこのような諸原理や諸法則の本質を明らかにしうるのは形而上学にほかならないとみなしている。つまり、「物体論に数学が適用できるためには……形而上学的原理が前もって与えられていなければならない」（同 4 : 472）のである。なぜなら「すべての形而上学」は「アプリオリな概念や諸原則を含む」ゆえに、形而上学こそ経験的な物理的世界における「数学的に処理されている諸法則」の「本質」（形相的原理）を明らかにしうるからである。したがって、「本来の自然科学」は「自然の形而上学」を大前提とした上で「数学の適用」を必要としている（同 4 : 469-470）のである。そしてこのような問題を解決するために、カントは「真の形而上学は思考能力そのものの本質から取り出される」（同 4 : 472）と明言している。思考能力そのものの本質とは魂自体の別称にほかならない。したがって『原理』もまた、「第一批判」同様、動力学的な構想に立脚していると考えられる。このような基本的構想に基づいて自然の特殊形而上学における「あらゆる物の内的な第一原理」（同 4 : 467）の解明が、つまり物質や物体の自然本性である「アプリオリな諸原理」の解明が思考能力そのものの本質から考察されることになる（同 4 : 474）。

カントは「第一批判」において「動力学的全体として考察されるすべての現象の総括としての自然にアプリオリに法則を指定する」のはカテゴリーにほかならない（B. 163）とみなしていたが、このような前提のもとで、『原理』では物質一般のあらゆる規定をカテゴリーの四つの項に基づいて次のように考察することになる（MA. 4 : 473 以下）。第一章では「運動学 Phoronolomie」、第二章では「動力学 Dynamik」、第三章では「力学 Mechanik」が考察され、これら三つの章では物質ないし物体の諸関係が扱われることになる。そして第四章「現象学 Phänomenologie」ではそれ以前の三つの章で扱われた物質的諸関係をわれわれ主観がどのような様相で規定しているのかが考察されることになる（同 4 : 477）。『原理』はこれら四つの章を通じて――前批判期と批判期とでは思考の枠組みが大きく変化しているという一般的見解に反して——前批判期における自然学的論考の成果を再度集約して論じているのである（この点は「燃焼現象」における場合と一致している）。第一章から考察することにしよう。

2 「運動学」と「動力学」

「第一章 運動学」で問題となっているのはそもそも物体において経験可能な運動とは何かということである。運動は「外的関係の変化」（同4：482「定義二」）と定義され、「あらゆる運動は、それが経験可能である限りにおいて、どこまでも相対的」とみなされている（同4：481）。したがって、ここでは『空間における方位』で問題とされた絶対空間の実在性にかんする証明が否定され、相対空間だけが現実的空間であると確信されていた『形式と原理』において扱われていた、「空間における関係の変化」（同4：547原注）が運動の定義として再び問題にされているのである。[25]

つまり、相対空間における可能的経験の対象としての運動は(1)静止している空間の中での物体の運動とみなすことも、また逆に(2)物体は静止していて、(1)における物体の運動と等しい速度でこの運動とは反対方向に進む、この物体を含む空間の運動とみなすこともできる（同4：487参照）。例えば、(1)のケースとして、静止している空間Aの中で物体αがaの速度で右方向に直線運動している場合を挙げることができる。⑵のケースとしては、これとは逆に物体αは静止していて、空間Aがこの空間Aを含むより大きな空間Bの中でaの速度で左方向に直線運動している場合が挙げられる。要するに、相対空間においては物体αが「運動している」とも「静止している」とも判断される可能性があり、「運動学」ではわれわれが日常経験している相対空間におけるこのような運動の可能性が考察されているのである（同4：487参照）。

またカントは「あらゆる運動を直線的」とみなし（同4：488）、「運動の合成」を問題にしている（同4：489）。要するに、運動を「外延量」とみなし合成しうるものとして扱っているのであるが（同4：493）、それは「運動学」を量のカテゴリーと呼応させるためである。つまり量としての運動の合成にかんして、⑴運動がそれに沿って生じる線および方向の「単一性」、⑵同一線上における方向の「数多性」、⑶あらゆる方向および線の「全体性」、という量のカテゴリーに呼応した区分を行っている。あらゆる運動を直線に還元するこのような考え方は一般的には微積分的な処置とみなすことができる。ただし、カントがあらゆる運動を直線運動とみなしている点にかんして、アリストテレスの自然学が前提されていると想定することもできる。アリストテレスは天上の円運動に対し月下の世界では四元素が支配し、地上での運動はすべて直線運動であるとみなしているが、カントはこれを踏襲した上で現象界におけるすべての運動を直線運動と規定しているとみなすこともできるのである。

カントはこのように物体において経験可能な運動を規定し、ここから次章「動力学」においてこのような物体を構成している原初的な物質の構造を解明することになる。

つまり「第二章 動力学」では「静止状態にある物質」の内部構造が考察され、前批判期における『モナド論』の成果がここで再び取り上げられている。つまり、「物質が空間を充実するのは……ある特殊な運動力によって」（同 4 : 497「定理一」）であり、この運動力こそ「運動の原因」としての引力と斥力にほかならない。『モナド論』で考察したように、物質には引力と斥力とが充満している。そして物質的本性におけるすべての運動はこの「二つの力に還元されなくてはならない」（同 4 : 499）と前提した上で、これらの力の定義がなされ、「第一の根本力」として斥力が、「第二の根本力」として引力が想定されている。斥力は「どこまでも相対的な不可入性」として「動力学的な空間充実」（同 4 : 502）の力であり、引力は「遠隔作用 actio in distans」、つまりある物質の他の物質に及ぼす「直接的な作用」の力であるが（同 4 : 511-512）、斥力と引力とが相まって「物質の可能性」が生じることになる（同 4 : 508）。斥力が第一の根本力、引力が第二の根本力であるとみなされている理由は、斥力は直接知覚されるのに対し引力は知覚されることはなく、「もっぱら推論を通じて物質概念に付加される」（同 4 : 509）とみなされているからである。また　斥力は（それは「延長力」や「拡張力」あるいは「弾性」と同一視されてもいる）その空間充実にかんして「強度」を持つが（同4:499）、先に「第一批判」原則論において考察したように、強度とは内包量（実在性）であり、カントは斥力における空間充実を通じて「動力学」を質のカテゴリーに呼応させているのである。つまり「動力学に対する全般的系」として⑴斥力による空間充実としての「実在的なもの」、⑵空間における実在的なもの［斥力］に対する「否定的なもの［引力］」、⑶引力による斥力の「制限」という三つの区分がなされているが、ここでは「実在性」「否定性」「制限性」という質のカテゴリーに呼応した区分がなされているのである。カントはこれによって「形而上学的動力学に属する限りでの物質の質」がすべて論じられているとみなしている（同4:523）。

ところで、以上の分析に先立って物質に内在する斥力と引力が根本力である理由が述べられている。「根本力は……まさに他のいかなる力からも導出されえない、すなわち理解されえないからこそ根本力と呼ばれる」（同4:513）、と。また後の「動力学に対する総注」においてもこのことが繰り返されている。「諸々の根本力の可能性を洞察することはできない……もっぱら想定されうるにすぎない」（同4:524）、「根本力の法則をアプリオリに規定することはわれわれにはできない……」（同4:525）、「根源的な諸力をその可能性にかんしてアプリオリに洞察することとは、そもそもわれわれの理性の視野を超えている」（同4:534）、と。

このことが意味しているのは、「力の原因」「力の本質」を問題にしてはいるが、それが「われわれの理性の視野を超えている」と結論づけることしかできないということである。したがって、ここでは前批判期の場合と同様、英知界における物質の自体的存在が現象界における物質へと動力学的に潜勢している状態が前提されていると考えられるのである。『原理』は形而上学的と形容されている。このことは、本書最終章で論じるように、カントが後に根源的な引力/斥力を『オプス』において形而上学的な「動力学的エーテル」とみなしていることからも理解されるだろう。ニュートンは「力の原因」を不問に付したが、カントはニュートン的な数学的自然科学が形而上学的原理による基礎づけを必要とする理由として、「ニュートンは物質の普遍的な引力の原因についての問いに答えようとするあらゆる仮説を無視したが、これは正しかった。なぜなら、この問いは……形而上学的なものであって、数学的なものではなかったからである」(同4:514-515)と述べている。カントにとって形而上学こそ力の原因、力の本質を問いうる唯一の、真の学問なのである。また根本力が他のいかなる力からも導出されえないとみなされているにしても、カントはライプニッツのように物質それ自身がある種の生命体として何らかの力を備えているとみなしているわけではない。その根拠は「あらゆる物質は物質である限り生命を欠いている」(同4:544)からである。「第三批判」においては「生命ある物質(この概念は矛盾を含んでいる。なぜなら無生命が……物質の本質的性格を形成するからである）の可能性は、決して考えられない」（KrU. 5 : 394）と記されている。無生命である物質がそれ自身何らかの力を備えていることなどありえないのである。カントにとって引力と斥力はアプリオリに物質に潜勢している根本的で動力学的な力であり、したがってここ「動力学部門」で扱われるべきものなのである。この部門は次のように締めくくられている。

「物質という経験的概念の根底に存するものの背後に向かう形而上学の探究は、自然哲学をできる限り動力学的な説明根拠へと導くという意図にとってのみ有益である。というのも、われわれはただ動力学的な説明根拠によってのみ一定の法則を手に入れ、したがってまた真に理性的に関連づけられた諸説明を手に入れる望みを持つことができるからである」（MA. 4 : 534）

この一文において物質には引力と斥力という本質的な力がアプリオリに潜勢しているという動力学的な関係が認められ、これを解明することができるのは形而上学にほかならないことが確信されている。これに次いで第三章では「力学」における物質相互の関係が扱われることになるが、「あらゆる力学的法則は動力学的法則を前提にしている」（同 4 : 537）のである。

3 「力学」と「現象学」

「第三章 力学」では運動状態にある物質の相互作用が問題とされ、運動を伝達する力が考察されている（同4：536）。要するにある物質（原因）と、この物質の運動力である引力と斥力による他の物質への運動の伝達（結果）という因果関係が考察されている（同4：547注）。さらに運動の伝達という点にかんしてカントは死力と活力について次のように説明している。「動力学の扱う根源的な運動力を死力と名づけ、あらゆる力学的な運動力、……すなわち自分自身の運動に基づく運動力を活力と名づける」（同4：539）、と。この説明によってカントが想定している死力（現実運動）と活力（自由運動）の構造がようやく明らかとなる。というのも、死力は、「第二章 動力学」で扱った「絶対静止状態にある物質」内部における引力と斥力という「根源的な運動源泉」とみなされているからである。繰り返しになるが、『モナド論』において考察されていたように一つの物質は引力／斥力の作用圏として想定されていた。そして運動の伝達が生じるのはまさに「静止状態においてさえ物質に内在する運動力［モナドの作用圏に内在する斥力／引力］」を介してのみであるとみなされていた（同4：551）。そして

「手でゆっくりと押された球」の場合、外力が働けば一つの物質としての作用圏は運動しはじめ、この外力が消滅すれば（カントが明言しているわけではないが）この作用圏内部に充満している引力／斥力とが完全に均衡を保つ状態が生じ、絶対静止状態に至ると考えられる。これに対し「発射された弾丸」の場合、外力が生じれば速度の自乗で作用する力学的な内在力である自由運動が物質間において生じ、これが活力であると思われるが、ここでも引力／斥力が作用しているのである。カントはこれを物質自身の運動（とはいえ、何度も指摘したように、物質自身が力を備えているとみなされているわけではない）に基づく運動力〔引力／斥力〕による運動の伝達とみなしている。したがってカントは根源的な運動源泉と内在力とを明確に区分していることになる。前者は作用圏内部での引力／斥力であり、後者は複数の作用圏の間で生じる、物質相互間における引力／斥力である。このように想定することによってのみ『原理』における第三章までの構成が明瞭となる。つまり、「第一章 運動学」においてそもそもの運動の可能性を規定した上で、「第二章 動力学」では動力学的な現実運動（死力）が、「第三章 力学」ではこの現実運動を前提とした上で、力学的な内在力である自由運動（活力）が考察されているのである。そして現実運動においても自由運動においても引力／斥力が根本的な運動力として作用していることを前提として、これらの運動を動力学的に、形而上学的に基礎づけようとしているのである。このような前提のもとでカントは「第三章 力学」

の基本的問題点を関係のカテゴリーに呼応する「運動の三法則」として考察することになる。

カントの三法則とニュートンの三法則との違いは松山によって明確に指摘されている。まずニュートンの三法則は、⑴慣性の法則、⑵運動方程式、⑶作用反作用の法則である。これに対しカントの三法則は、⑴質量保存法則、⑵慣性の法則、⑶作用反作用の法則である（同4：541以下参照）。したがって、ニュートンの三法則にはカントの⑴質量保存法則が、またカントの三法則にはニュートンの⑵運動方程式が欠けており、残りの二つの法則は（順序は異なるが）一致している。松山の考察によれば、ニュートンがカントの⑴質量保存法則を欠いている理由は、ニュートンがカントの⑴質量保存法則を三法則全体の前提としているために、三法則そのものには入らないからである。またカントの三法則は「第一批判」における「関係のカテゴリー」および「原則論―経験の三つの類推」とを基盤にして導出されたものであることも松山によって明らかにされている。要するに、カテゴリーを基盤にして原則が基礎づけられていることは本論「第二章 2」において詳論したが、その原則を基盤にしてカントの三法則が基礎づけられているのである。つまり、カテゴリーにおける「実体」を基盤にして原則における「持続性」が、持続性を基盤にして三法則における質量保存法則が基礎づけられ、次に「因果性」を基盤にして「生起」が、生起を基盤にして慣性の法則が、最後に「相互性」を基盤にして「相互作用」が、相互作用を基盤にして作用反作用の法則が基礎づけられていることになる（「松山カント」一七〇〜一七五頁参照）。このようにしてカントは「第三章 力学」を関係のカテゴリーとの密接な呼応関係において構想しているのであるが（MA. 4 : 551 参照）、残された問題はカントの三法則にはニュートンの⑵運動方程式が欠けているのは何故かという点である。この問題については次のように考えることができる。

運動方程式の場合、等速直線運動をしている物体Aに外力Bが加わると、物体Aは外力Bと同じ方向、同じ力に運動を変更することになるが、これはカントの運動の考え方とは一致していない。つまり、カントにとって運動には現実運動と自由運動とが存在し、前者は「速度そのものに比例する運動」であり、後者は「速度の自乗の運動」である。したがって等速直線運動をしている物体Aに対してどちらの運動が外力として加わるかによって物体Aは異なる運動をすることになる。要するに運動方程式のように、「一様な運動の変更」はありえないことになる。物体Aに対して「手でゆっくりと押された球」のような外力が加わるか、あるいは「発射された弾丸」のような外力が加わるかによって「運動の変更の仕方」が異なることになるのである（LK. 1 : 33 以下参照）。そしてこのようなカント独自の運動にかんする考え方に基づけば、運動方程式という想定は不必要であるばかりか、誤っていることになる。カントがニュートンの⑵運動方程式を自分の三法則から排除した根拠はおそらくここにあるのだろう。

さて、最後に「第四章 現象学」を考察するわけだが、ここではこれまで検討してきた三つの学における物質的諸関係に対してわれわれ主観がどのように規定しているのかが、「様相のカテゴリー」との呼応関係において考察される。第一に、「運動学―様相」の規定は「可能的」である。つまり、相対空間においては物体の方が運動しているとみなせば、この物体がその中で運動している空間の方は静止しているとみなすことができる。また逆に、物体の方が静止しているとみなせば空間の方が運動しているとみなすこともできる。したがって、ある物体の同じ状態をわれわれは運動と静止という対立する二つの述語のいずれにも規定可能であり、それゆえに「運動学―様相」の規定は「可能的」なのである（MA. 4 : 554 以下)。ただしこの場合、空間が運動しうるためにはこの空間を含むより広い空間が想定されていなければならない。カントは最終的なより広い空間を「理念としての絶対空間」とみなしている（同 4 : 480 以下、および「現象学に対する総注、同 4 : 558 以下」参照)。というのも、理念としての絶対空間を想定することによってのみ相対的な、経験可能な部分空間が表象されるからである。つまり、空間内では時間に基づいて運動が可能となるわけだが、「時間的に変化しているもの」を変化しているとみなしうるのは変化しないものと比較しているからである（「第一批判」「原則論―経験の類推」における「実体の原則」参照)。したがって、何かが運動しているかどうかを最終的に規定しうるためには絶対的に運動しないものとの比較が必要である。空間にかんしても、相対的な部分空間が可能であるためには全体としての空間がアプリオリに前提される必要があった。ただし、このような全体としての空間をわれわれは認識することはできない。そこでカントはもっぱら思考のうちでのみ想定されうる絶対空間を理念として導入することになったのである。要するに、理念としての絶対空間はニュートンが実在するものとみなしていた絶対空間とは明らかに異なり、思考上の想定にすぎないことになる。

第二に、「動力学―様相」における規定は「現実運動」が問題とされている故に「現実的」である。カントはこれを円運動によって説明している。この場合、円運動とは直線運動が連続的に変化している運動とみなされている。つまり、直線運動に対して外的原因が連続的に加えられるために、これらの連続的な外的原因に対する反作用によって直線運動が連続的に変化し、これによって円運動が生じるととらえられているのである（同 4 : 557）。カントは「第一章 運動学」においてあらゆる運動を直線的とみなしていた（同 4 : 488）。

最後に、「力学―様相」の規定は「必然的」である。カントはここで作用―反作用の法則を例としてあげながら、「一方の物体が運動することによって他方の物体を運動させる場合、そこには、一方の物体の運動と等しい大きさをもって反対方向に向かう他の物体の運動が必然的に存在する」（同 4 : 558）という「定理」を提示している。つまり、ここでは「力学―様相」が作用という原因と反作用という結果の必然的関係として、数学的な等しい大きさとして法則化されている。というのも、「第三章 力学」においてはニュートン力学が扱われているのであるが、ニュートン力学は運動の伝達を数学的に法則化しているからであり、数学的に法則化されている限りにおいて、物体相互の運動の伝達は数学的な必然的関係を示しているからである。われわれにとって力学的運動は原因と結果の必然的な関係から「直接かつ不可避的に導かれる」ゆえに「動かされる側の物体が運動していることは必然的」なのである(同)。要するに、ニュートンの場合には運動にかんする規定はすべて数学的に法則化されているが、カントのこれまでの規定は数学的なものではない。つまり、「第一章 運動学―様相」においては「理念としての絶対空間」が、「第二章 動力学―様相」においては動力学的な引力と斥力という根源的な運動力が大前提となっていた。これに対し「第三章 力学―様相」においてはじめて数学的な規定がなされている。ただし、これら三つの章のいずれにおいても諸物体や一つの物質内部における運動の伝達は諸物体や物質が持っている「根源的な運動力［引力と斥力］の共在性によってのみ可能となる」(同)ゆえに、「力学―様相」においても基本的に動力学的な立場が大前提となっており、この意味において力学が形而上学的に基礎づけられるよう試みられていることが確認される。

ところで『原理』における四つの学の区分は、カントが明言しているように、「第一批判」

における カテゴリー表と完全に一致しているとはいえないだろう。例えば空間にかんして「一つの空間がより小さな諸空間から成る」ということを根拠に空間の量を外延量とみなしているのに対し、速度にかんしては「より速いものがより遅いものから成る」とはいえないことを根拠に、速度の量を内包量と規定している。そして外延量は「幾何学的構成」とみなされ、内包量は「力学的 mechanisch 構成」とみなされている（同 4 : 493）。しかし「第二章 動力学」では強度量（内包量）が扱われ、「第三章 力学」では物質相互の力の伝達という数学的な法則が扱われていた。それにもかかわらず、カントは内包量を力学的とみなしているのである。要するに内包量は「第二章 動力学」において扱われるべき問題であって「第三章 力学」の問題ではないはずである。したがって内包量にかんしては齟齬《そご》をきたしていることになる（幾何学的と数学的が同じ意味であるとすれば、外延量にかんしても齟齬をきたしていることになる）。さらにこの問題以上に疑問なのは、「第一批判」では数学的カテゴリーに該当する『原理』の第二章として動力学が含まれていることである。つまり動力学が「第一批判」の動力学的カテゴリーの中に含まれていないのである。また「理念としての絶対空間」という考えも理解しにくいものであろう。というのも「第一批判」における純粋直観との関係が明確に示されていないからである。このように考えてみると「第一批判」と『原理』とは完全に一致しているとはいい難い。ただ、それでも両著作においては基本的に同じ動力学的な思考が貫かれており、ここではこの点を確認するにとどめておく。

さてこれまで脳理論に基づいて、魂の物質への動力学的な潜勢という考え方を手がかりとして認識論および物質の運動という問題を、最初期の著作から「第一批判」を経て『原理』に至るまで、カントにおける一方の真の学問である「自然の形而上学」の問題を考察してきた。もう一方で真の学問として「人倫の形而上学」が構想されている。人倫の形而上学は魂そのものとかかわる問題であり、実践論で展開されることになる。そこで次に人倫の形而上学にかんする実践論を考察することになるが、その場合にも動力学的展開が中心的な問題となるのかどうかを検討することにする。

第四章

人倫の形而上学と動力学

1　人倫の形而上学と理性の関心（「調停」4）

これまで考察してきた「自然の形而上学」において、カントはその予備学として「第一批判」を位置づけ、理論理性を扱ってきた。「第一批判」における超越論的哲学は「われわれの認識と認識諸能力との関係」（Prol. 4 : 293）を問題にしている。超越論的という形容によって意味されているのはわれわれのアプリオリな認識諸能力における認識の機能である。この点において超越論的と動力学的とは外延を共有している。これに対し実践理性においては「道徳性の最高原則や根本概念」が問題とされ、この限りにおいて実践理性は「超越論的哲学には属さない」（A. 15 / B. 28）とみなされている。

ところで、理性は「諸原理の能力として心のあらゆる力の関心を規定し、また自らの関心を自ら規定する」のであるが、理性の関心についてカントは「理性の思弁的使用の関心は、アプリオリな最高原理にいたるまで客観を認識することにあり、実践的使用の関心は、究極の完全な目的にかんして意志を規定することにある」（KpV. 5 : 120）とみなしている。「関心 Interesse」とはもともとラテン語であり、「……の間」を意味する inter と「存在する」の不定詞 esse とを合成した言葉である。A・ヒュッターーによれば関心とは間に－在ること

Dazwischen-sein を意味し、もともとローマ法をもって始まる訴訟相手相互の調停という法的合意のための用語であり、その後さまざまな意味で使用され、近代以降になってももともとの根源的な調停という意義は存続しているとみなされている[26]（ここでは「第一批判」における「理性の関心」と結びつけられた「三つの問い」（B. 832-833）、および『イマヌエル・カントの論理学講義のための教本』における「四つの問い」には立ち入らないことにする[27]）。カントの場合も関心における間に―在ることあるいは調停という根源的な意義は存続しており、理性の関心は一方では理性の思弁的関心に、もう一方では理性の実践的関心に基づいている（A. 797 / B. 825）。そして自然の形而上学の場合も、人倫の形而上学の場合も理性の関心は経験的領域とアプリオリな領域との間に―在り、両領域の調停を意味している。というのも、理性の思弁的使用の関心においては経験的認識とアプリオリな最高原理との調停が計られ、また実践的使用の関心の場合には経験的な、偶然的に決定される意志がアプリオリな実践理性の原理に依存することが関心とみなされ、両者の調停が計られているからである（GMS. 4 : 413）。それゆえ関心はアプリオリな総合判断とかかわることにもなる。思弁的理性と実践的理性という異なる理性はこのような共通した関心を持つことになるが、それは「実践理性と思弁的理性とはある共通の原理において統一されて」いるからである。なぜなら「究極においてはただ一つの理性が存在」し、両者は「その適応においてのみ区別される」ことになるからである（同

4：391)。したがって理論的にであれ実践的にであれ、「アプリオリな原理に従って判断しているのは常に一つの同じ理性以外のものではない」(KpV. 5：121) のである。この「一つの同じ理性」とは魂そのものにほかならない。純粋思弁理性も純粋実践理性も魂そのものの身体への潜勢的現前であり、現前した場合の「適用」が異なっているにすぎず、根本的には同一の理性なのである。適用が異なっているとはいえ、「純粋思弁理性と純粋実践理性とがある認識に向けて結合する際、この結合が……必然的であると前提されるなら、後者が優位を占める。……というのも、一切の関心は結局実践的であり、思弁理性の関心ですらも実は条件づけられていて、ただ実践的使用においてのみ完全だからである」(同 5：121)。カントにとって実践理性の領域は思弁理性のそれよりも重要であることは明らかである。おそらくそれは、実践理性の問題が対象認識ではなく魂そのものの問題にかかわっているからであろう。

実践理性における真の学問は人倫の形而上学であり、その予備学として「第二批判」が位置づけられている。ただカントは「第二批判」以前に『人倫の形而上学の基礎づけ』(以下『基礎づけ』と略記）を著しており、その内容は基本的に「第二批判」に直結している。実践理性の問題点はこれらの著作に集約されているが、その要石は「自由」である。自然概念の領域のように自然の法則に拘束され自由の余地が存在しないのとは逆に、すべての問題が自由にかかわっている。「自由の概念は、その実在性が実践理性の必然的法則によって証明される限り、純粋理性の、したがって思弁理性すらもの全体系的構築の要石をなしている」(同 5 : 4-5) のである。『基礎づけ』を検討することにしよう。

2 「自由の因果性」と『人倫の形而上学の基礎づけ』

『基礎づけ』の目的は「道徳性の最上の原理を探求し、それを確定する」(GMS. 4 : 392) ことにある。『基礎づけ』第一章において、カントはこの原理を探求する際に一般的な「通常の道徳的理性認識」から出発すると述べているが (同 4 : 393)、実際には具体的な経験的事例はほとんど扱われていない。というのも、具体的事例は「幸福」を最高の原理とする「自愛」が潜んでいる可能性を常にはらんでいるからである。つまり、幸福 Glückseligkeit とは人間が「自分の全現存に絶えずともなっている生の快適を意識すること」であり、「この幸福を選択意志 Willkür の最高の規定根拠とする原理が自愛 Selbstliebe の原理」(KpV. 5 : 22) である。幸福は人間が現実世界において達成すべき自然的目的であり、「あらゆる傾向性 Neigung を満足させること」(B. 834, GMS. 4 : 399 他) である。傾向性とは例えば金銭欲とか出世欲というような、感覚に依存する経験的に習慣化された欲望 Begierde であり、このような現実的な欲望を意欲する意志が選択意志である。カントは具体的実例には、どのような場合においてもこのような欲望が潜んでいる可能性があるとみなしている。例えば大震災が生じたので多くの義援金を寄付した場合、それが純粋な道徳意識に根ざした行為なのかどうかは明らかではない。この行為の裏に名声欲や政治的野心等々の欲望に基づく隠れた動機（自愛）が潜んでいる可能性が常に存在するからである。このような動機は人間の自然的素質に基づく「何らかの目的のための道具」（GMS. 4 : 395）にすぎず、幸福を享受するための手段にすぎない（同 4 : 395）。これに対しカントが問題にしているのは「道徳法則」だけを自らの規定根拠とする欲求能力 Begehrungsvermogen であり、それは「意志 Wille」と呼ばれている。選択意志と意志との関係について『基礎づけ』では必ずしも明確に区分されているわけではないが、基本的に選択意志は感性的に条件づけられているのに対し、意志は理性に基礎づけられた能力として位置づけられている。そして「無条件的に善である意志」は「善意志 guter Wille」だけである。「この世界のうちで、それどころかそれ以外においてさえ、無制限に善いとみなしうるものがあるとするなら、それはただ善意志のみ」（同 4 : 393）である。それは「ただ意欲することによって善い」意志なのである（同 4 : 394）。しかし、一般的に考えてみるとこのような善意志を具体的事例によって示すことはほとんど不可能であろう。ただ、カント自身は善意志に対する先の定義は通常の道徳的理性認識（常識）にとっても理解可能であるとみなしているが、その場合その可能性は「自由な選択意志」を介して開かれるとみなされている。では、実践論一般としてカントは自由の問題をどのようにとらえているのだろう。

「第一批判」において自由が問題となるのは「二律背反―第三の抗争」においてであった。しかしこの場合に自由の実在性は想定されているだけで、確認されてはいないが、ここにおいてカントはすでに自由の実在性を確信していることがわかる。というのも先に引用したプラトンへの言及を再考してみると、カントにとってプラトンは、彼の理念《イデア》に基づく認識が「実在性を有し、決してたんなる空想の産物ではないということ」に気づいていたのであり、「彼の理念を、とりわけあらゆる実践的なもののうちに、つまり自由に基づく一切のもののうちに見出していた」(A. 314 / B. 371) とみなされているからである。カントにとって「理性理念」は、プラトンの場合と同様、少なくとも実践的なもの、つまり自由においては実在性を持っていると確信されているのである。そして、カントは人間における「実践的な自由」が「感性の衝動による強制からの選択意志の独立」(A. 534 / B. 562) を通じて経験的に「証明される」(A. 802 / B. 830) とみなしてもいる。

例えば原発問題を考えてみよう。原発の全面的推進と全廃との間に無数の選択肢が存在し、人間は自由な選択意志に基づいてこれらの選択肢のいずれをも選択しうる。自分の利益のみを優先し、感性の衝動による強制に基づいて選択する場合もあれば、そのような強制からは独立した選択を行う場合もありうる。いずれを選択するにしてもそれは選択意志の自由であり、その限りにおいて選択意志に基づく自由の実在性は経験的に証明される。これに対し英知的な自由の概念は、経験的な自由の実在性とは違って、「ある出来事を自ら始める能力」として形而上学的問題にかかわることになる（Prol. 4 : 344 注）。この点について「第二批判」では、「感性的なものに対して英知的なものを見出すために、われわれがわれわれの外に出て行く必要がないことはただこの自由という概念だけが示すことができる」（KpV. 5 : 105-106）、と明確に述べられている。この場合、「人間は自分自身の、にもかかわらず普遍的な立法行為に服従する」（GMS. 4 : 432）ことになる。「自分自身の立法行為」とは個々人のアポステリオリな選択意志を「格率」として規定することであり、「普遍的な立法行為」とはあらゆる人の意志を道徳性のアプリオリな原理、つまり道徳法則の下に規定することである。格率とは個人的な自分自身の立法行為に従うことであり、道徳法則は個人にはとどまらない普遍的な立法行為に従うことを命令する。したがって、自由に基づく意志の規定は「アプリオリな総合判断」とみなすことができる。そして自分自身の立法行為に従う経験的な自由の実在性が「結果」としての現象であり、アプリオリな自由の理念は「結果としての現象に対する、原因としての知性的なもの」にほかならない。では、アプリオリな自由の理念はどのようにその実在性を証明しうるのだろう。

無数の選択肢が存在する限りにおいて、人間には自然法則に拘束された現象界においてさえ、選択意志に基づいて相対的な自由な行動が可能である。ここに「第一批判」における「二律背反―第三の抗争」で考察した自由の因果性の可能性が示されてもいる。ただし第三の抗争でその可能性を見出された自由はアプリオリな自由であり、それはある出来事を自ら始める自由であり、いかなる原因にも拘束されずにまったく無条件的に自ら何事かを始める絶対的な自由である。ここでは神が想定されていることは明らかである。神が世界を創造したのはその無条件的な、絶対的な自由意志によってだからである。このような神の自由意志が第一原因となって、人間にその結果として自由意志が帰結しうることになる。神の自由意志という理念は、自由な行為の第一原因として実際にわれわれの自由な意志や行為を必然的に構成しうることになる。したがって第一原因としての自由というこの実践的理念は、自然の領域におけるたんなる統制的理念ではなく、構成的理念である。そこで自由の理念が自由を「たんに可能である」というのではなく、自由の「実在性を証明している」(KpV. 5 : 47)とみなされることになる。このような実践的理念は「端的に必然的な存在者［神］」の可能性を示すことによって「法則的必然性」である自由の因果性をも開示することになる(「二律背反―第四の抗争」参照)。

カントはニュートン的引力／斥力を受容しているが、これら諸力は形而上学的に解されている。また絶対空間についても一度はそれを受容してはいるが、結局は否定している。したがって最終的にニュートン力学が受容されていることにはならないが、しかし法則的必然性という厳密な自然法則的形式だけは、理論理性の領域においても実践理性の領域においても、受容されているのである。さて、このように「必然的」でありながらも「自由」である法則をカントは道徳法則とみなしている。そして道徳法則を通じてわれわれは自由という実践的理念を「はじめて知ることができる」（MS. 6 : 226）のである。

『基礎づけ』に戻って、第一章を中心に道徳法則と意志あるいは善意志との関係、および道徳法則と自由という実践的理念との関係について原発を例として再考してみよう。例えば全廃を意欲することになったとすれば、全廃という目標に向かって何をなすべきかが自《おの》ずから規定されることになる。自由な選択意志の決定に従ってなすべき「義務」が規定されることになるからである。したがって自由と義務とは表裏一体であり、選択意志は自由と義務とに従って行動を起こすことになる。とはいえ、原発問題はあくまでも感性界における経験的な具体例であり、全廃を意欲する場合でもそこに隠れた動機（自愛）が潜んでいる可能性は否定できず、それが善意志によるものなのかどうかは規定できない。具体的な原発問題そのものからはアプリオリな自由の理念が導き出されることはないのである。ただカントは健全な悟性（常識）に対して全幅の信頼を寄せ、善意志は「生来の健全な悟性［通常の道徳的理性認識」にすでに宿っている」ので、善意志を導き出すためにはわれわれは健全な悟性を「ただ開発すればよい」(GMS. 4 : 397) とみなしている。

つまり、カントは理性こそ「それ自体において善い意志」を生み出す原因であるとみなし、「理性の真の使命」は「自然の素質とは別の意図」において「善意志を生み出すこと」であるとみなしている (同 4 : 396)。自然の素質以外の意図とは英知的な意図である。この点を考慮すれば、善意志は魂の作用にほかならない。魂は、実践的領域においても、英知界から身体へと動力学的に潜勢し、何よりもまず善意志となって現前しているとみなすことができる。根本的に英知的である魂そのものは、身体に潜勢し善意志として現前する場合も必然的に自由の法則に基づく因果性の下にあり、したがって善意志は自由の法則に対して義務を負うことになる。カントはこのような「義務に基づいてなされた行為」のみが道徳的価値を持つとみなしている。幸福の場合でさえ、「幸福への一般的傾向性」によって規定された意志に基づいてなされる行為は道徳的価値を持たないのに対し、「義務に基づいて自分の幸福を促進すべきであるという法則」に従ってなされる行為は道徳的価値を持つのである (同 4 : 399 傍点筆者)。原発の例では、推進が自分の利益になるとしても、全廃のみが人類に課せられた法則的義務であると自覚した場合、どれほど自分が不利益を蒙ろうとも全廃の方針を貫けば道徳的価値が生じることになる。ただしこのような経験的事例の場合、義務に基づく行為は格率に従った行為にすぎない。格率は「意欲の主観的原理」（同4：400注）であり、個々人の行動方針を規定する主観的な意欲の原理にすぎず（同4：400）、格率に従っただけでは普遍的な義務に基づく行為とはならないのである。普遍的な義務に基づく行為となりうるためには、「私の格率が普遍的法則となるべきことを私はまた意欲することができる」という合法則性一般が私の意志を規定しなければならないのである（同4：402）。そしてこれ以外の格率はすべて退けられるべきである。「格率は行為することの主観的原理であって、客観的原理から、すなわち実践的法則［道徳法則］から、区別されなければならない」（同4：420注）のである。ただ主観的な原理にすぎないとしても、自由な選択意志はどのような感性的規定根拠によっても行為へと強制されないという特性をも有している。したがって自由な選択意志は主観的な意欲に打ち勝つ可能性も持っていることになる。そして「すべての道徳的な関心はもっぱらこの法則に対する尊敬に基づいている」（同4：401注）とすれば、普遍的な道徳法則に対して尊敬の感情を抱くことによってのみ、主観的な選択意志の格率は普遍的法則と一致するように規定されうることになる。この場合道徳法則は選択意志や意志、あるいは善意志とどのような関係にあるのだろうか。

選択意志と意志と善意志とはまったくの別物というわけではなく、魂の身体への潜勢状態に応じて段階づけられていると考えられる。つまり、端的に善い意志が善意志（魂そのもの）

であり、魂が感性の衝動の強制に影響された状態が選択意志であり、この強制から独立した状態にある自由な選択意志が意志であるとみなしうる。このように想定することによってのみ、善意志とは違って感性的衝動の影響下にある選択意志が道徳法則に対する尊敬の感情を抱き、自由な選択意志となることが可能となり、道徳法則と一致するように規定されうると考えられるのである。カントは「自由な［選択］意志」と「道徳法則の下にある意志」とは結局同じである（同４：447）とみなしている。そして自由な選択意志はひたすら普遍的な道徳法則に必然的に従うことを義務とし、義務として選択意志の格率を規定する場合にのみ意志は合法則性一般によって規定され、こうして必然的に普遍的立法へと直接向かうことになる。理性の道徳的な関心はこのようにして感性の衝動の強制を道徳法則を通じて自由の理念へと導いているのである。この場合、義務とは道徳法則に対する尊敬に基づいた行為の必然性にほかならない（同４：400参照）。こうしてわれわれの意志は道徳法則を通じてはじめて自由の理念の実在性を知ることができるのである。

ところで、意志の格率を道徳法則によって規定し、無条件的な義務に従ってあらゆる傾向性を退けるためには、厳格な法則的強制がともなうことになる。カントはこのような強制を「命令」と呼び、命令を仮言命法と定言命法という二つの命法に区分している。『基礎づけ』第二章はこの問題をめぐって展開することになる。仮言命法とは幸福を実現するための命令であり、条件あるいは手段をともなう命令である。例えば、「家を建てる」という目標を達成するための手段としてお金が必要であり、お金を手に入れるためにもさまざまな手段が必要となる。仮言命法の場合どこまでいっても条件の連鎖がともなう。これに対し定言命法には手段が介在しない。この命法は「目的そのもの」としての無条件的な命令であり、義務に基づく厳格な命令である（同4：407）。そしてこの厳格な命令を下しているのが道徳法則である。定言命法の基本定式は、「君の格率が普遍的法則となることを、その格率を通じて君が同時に意欲することができるような、そのような格率に従ってのみ行為せよ」（同4：421）、として示されている。この基本定式は、先に考察したように、主観的格率が普遍的法則でありうるように意志を規定すべきことを命じている。この場合、意志は「ある法則［普遍的法則］の表象に適合して自分自身を行為へと規定する」ところの、「理性的存在者のうちにのみ見出される［魂の］能力」である（同4：427）。そしてこのような自己規定のための客観的原理として役立つのが定言命法の派生的な諸定式である。

例えば、ある人間がたんに金儲けのための手段とみなされる場合、この人間は相対的な価値を持つにすぎず、「物件 Sache」とみなさる。これに対し「人格 Person［のうちなる人間性 Menschheit］」はその現存それ自体が目的であるような客観的目的とみなされ、絶対的価値を持つことになる（同4：248）。要するに、「理性を持たない存在者は……物件と呼ばれ、……理性的存在者は人格と命名」されるのである（同 4 : 428）。したがって人格とは理性にほかならない。また『人倫の形而上学』では「人格とは行為の責任を帰することの可能な主体」であるのに対し、物件は「責任を帰することができない」事物とみなされている（MS. 6 : 223）。そして「理性的存在者は目的それ自体として現存する」という原理は確かに「人間的行為の主観的原理」なのであるが、しかしすべての理性的存在者が同一の理性根拠に従ってこれと同じ表象を持つならば、この主観的原理は同時に「客観的原理」となりうることになり、この客観的原理を「最上の実践的根拠」とすれば、「そこから意志のすべての法則が導かれることができる」のである。ここから、「君の人格や他のあらゆる人のうちにある人間性を、いつも同時に目的として扱い、決してたんに手段としてのみ扱わないように行為せよ」という派生的定式が生じることになる（GMS. 4 : 429）。つまり、人格や人格の内なる人間性そのものが理性にほかならないとすれば、このような理性根拠は英知的な魂そのものの現前と考えられる。この点についてはプラトンの理念《イデア》を想定してみることが可能であろう。なぜなら、プラトンにおいて善のイデアはイデア界では唯一の同一のものであり、この唯一のものが現実の感性的世界では個々人に分配されることによってさまざまな善が現実世界に現存しうることになるのだが、丁度これと同じように、カントの場合の人間の内なる「人格―人間性」は本来、英知界に存する唯一の同一のもの（同一の理性根拠）であり、この唯一の人格―人間性が現実世界では個々人に分配されていると想定することができるからである。そしてこの場合、現実世界で他者を物件として扱い、詐欺で金を巻き上げたとすれば、詐欺を行った人間も行われた人間も本来同じ人格—人間性を分有している以上、詐欺を働いた人間は自分で自分の人格—人間性を毀損したことになる。したがって、あらゆる人間はあらゆる他者を手段としてではなく目的そのものとみなさなければ、自分で自分を毀損することになる。あらゆる他者を目的そのものとみなすことによってのみ、自分にとってもあらゆる他者にとっても目的それ自体であるような「目的の国」（イデア的形相世界）が成立しうるのであり、この意味で理性的存在者としての人間は、目的の国の成員であると同時に元首でもありうることになる（同4：433）。成員であれ元首であれ、目的の国のすべての住人は「自らを常に、意志の自由によって可能な目的の国において立法するものとみなさなければならない」（同4：434）のである。「意志の自由によって」ということは、意志が自ら道徳的定式を自分自身に対して意欲するということを意味している。カントはこれを「意志の自律」とみなしている。これに対し「意志の他律」の場合は意志が自分以外の意欲の対象（例えば金銭）のうちに法則を求めることになり、それゆえ他律なのである。要するに、カントは道徳法則における定言命法の諸定式を意志の自律に基づくものとみなし、これら諸定式を「道徳性の唯一の最上の原理」ととらえているのである。ここに、『基礎づけ』において究明されるべき道徳性の最上の原理としての道徳法則が見出されることになる（同4：392）。したがって、意志の自律に基づくこの最上の原理は本来、英知界に帰せられるべき自体的存在である魂そのものの意志の自律に由来するアプリオリな原理であり、あらゆる理性的存在者に対して必然的に命令することになる。ただし、この原理はそもそも主観的格率に基づいて見出された原理であり、総合的原理である。しかしこの総合的原理が英知界における魂そのもののアプリオリな原理によって分配されているとすれば、道徳性の最上の原理はアプリオリであると同時に総合的な原理、つまりアプリオリな総合的原理とみなされることになるのである（同4：440）。

しかし、『基礎づけ』「第三章」ではこのような総合的でアプリオリな実践的原理がどのようにして可能なのかについては最終的な決着をつけてはおらず、実践的領域においてアプリオリな総合的命題を可能とするのは意志の自由であることを示唆するにとどめている。つまり、道徳性の原理はそもそも主観的格率に基づいて見出された総合的原理であり、それがアプリオリな総合命題となりうるためには端的な善意志と結合されなければならず、両者を結合するための媒概念として第三者が必要とされるのであるが、カントはこの第三者こそ自由の概念にほかならないと想定しているのである。意志は理性的存在者の行為の原因であり、自由は意志以外の原因に依存しない行為の、自然法則とは異なる「特殊な法則」に従う因果性である（同4：446）。したがって意志の自由は行為する際に自由の因果性としてのこの特殊な法則に従っている。この自由の法則こそ道徳法則にほかならない。つまり、意志の自由と道徳法則の下にある意志とは自律した因果性に基づいているという点において「結局同じこと」になるのだが（同 4：447）、意志の自由のもとでは、自律した因果性に基づいて、「自由の概念のたんなる分析によって道徳性とその原理とが帰結する」ことになる。そこで自由こそが「あらゆる理性的存在者の意志の特性」とみなされなければならないのである（同）。第三者としてのこの自由の概念を、純粋実践理性に基づいて演繹する作業は「第二批判」にゆだねられている（同 4：444-445）。

3　『実践理性批判』と動力学的問題点

「第二批判」全体の構成は基本的に「第一批判」と同様、原理論（分析論と弁証論）と方法論から成立している。ただし分析論は「第一批判」とは逆に、原則論から始まり概念論、感性論（動機論）という順に進んでいる。というのも、実践理性において何よりも問題となるのは感性の衝動による強制からの独立した自由であり、純粋実践理性そのものは感性的条件には直接かかわらないからである。それゆえに原理論が最初に位置づけられているのである。原則論から検討しよう。

『基礎づけ』において検討したように、意志の主観的原則である格率があらゆる意志に一致しているためには、あらゆる意志に対する無条件的な命令が必要であり、無条件的な命令は、経験的なすべての実質的な、具体的原則を退けることになる。なぜなら、経験的原則には常に隠れた動機が潜んでいる可能性が存在しているからである。そして経験的原則をすべて退けた原則は純粋な形式的原理にほかならない。そこで「第二批判」では「意志の自律の形式的原理」として、「君の意志の格率が常に同時に普遍的立法の原理として妥当しうるように行為せよ」（KpV. 5 : 30）という純粋実践理性の根本法則が措定されることになる。この法則は『基礎づけ』の基本定式にほぼ該当する。そしてこの法則が可能となる根拠（「第一批判」の「演繹」に該当する）について、カントはこの法則が「理性の唯一の事実」だからであると答えている（同 5 : 31）。理性の声があらゆる人間の内面深くでこの法則を無条件に命じている、とカントは確信しているのである。なぜこの法則が「理性の事実」なのかについては後に触れる。

実践理性の唯一の客観は「善もしくは悪」であり（同 5 : 67）、「善と悪は常に理性によって、したがって普遍的に伝達される概念によって判定される」（同 5 : 58-59）。善と悪は道徳法則に先行しているわけではなく、同じ行為をなしたとしても自分の意志が道徳法則に従って規定されていれば善、規定されていなければ悪と判定されるのである（同 5 : 57 以下参照）。したがって、カントは道徳法則に従っているか否かの意志の規定だけを問題とし、結果として生じる行為を問題としてはいない。カントの表現では「いかに行為するか」が重要であり、「何を行為するか」は問題ではないことになる。意志を規定する場合に実践理性が用いるのが「自由のカテゴリー」である。「私はカテゴリーがなければ何も思考することができない」のであり、「自由という理性の理念においても、まずカテゴリーが探し求められねばならない」（同 5：103）のである。自由のカテゴリーは、自然のカテゴリーと違って、「思考能力そのもののうちにある純粋意志の形式」だけを根拠とし（同 5：66）、「思考能力そのもの」を根拠にしている。その限りにおいて、自由のカテゴリーは動力学的な魂そのものを根拠としている。カントは自由のカテゴリー表を挙げ、このカテゴリーが「道徳的になお規定されておらず、感性的に＝条件づけられたカテゴリー」から、「感性的に＝条件づけられておらず、ただ道徳法則によってのみ規定されているカテゴリー」へと進むとみなしている（同）。前節で考察した選択意志と意志と善意志との関係を参照されたいが、行為にかかわるカテゴリーなので、実際に生じうるあらゆる行為を想定した上で、最終的に感性的に条件づけられていない純粋実践理性にかかわるカテゴリーが措定されているのである。

ここで問題としなければならないのは、「知性的で、感性的に条件づけられていない因果性」を前提にすることが感性界においては「見出すことが期待できなかった」（同 5：104）のに、なぜこのような純粋実践理性にかかわるカテゴリーへと進むことが可能なのかということである。そしてこのようなカテゴリーは「あらゆる人間の理性に存在し、その本質と一体」になっている道徳法則にのみに見出されるのだから、この可能性は道徳法則を見出すことに求められる。道徳法則こそ感性界において「一切の感性的条件を因果性の規定から排除するような、争う余地がなくてしかも客観的である因果性の原則」なのである。この場合、自由のカテゴリーが「因果性のカテゴリー」であるということが重要である（同5：103）。というのも、自由あるいは自由の因果性を媒介することによってのみ感性界（結果として具体的に現象界において生じる自由な行為）と英知界（現象界において生じる自由な行為の原因）との因果的結合が見出されうるからである。そして先に問題となった「道徳法則が理性の唯一の事実」であることの根拠はここに帰せられることになる。なぜなら、感性界において事実上自由な行為が生じているということは自由の因果性を媒介する道徳法則があらゆる人間の理性に事実として存在していることの証左だからである。道徳法則が事実として存在しなければ、英知界を原因とする自由な行為は感性界において決して生じないからである。要するに、理性の事実としての道徳法則だけが自由を「確定的かつ実然的に」認識させ、それと同時に道徳法則におけるこの自由によってのみ「英知界の現実性が、実践的意図においてではあるが、確定的に与えられる」のである（同5：105）。したがって道徳法則は自由を認識するための

「認識根拠」であると同時に、自由は道徳法則が存在することの「存在根拠」でもある（同 5 : 4 注）。こうしてわれわれは道徳法則という自由の法則を媒介としてのみ、善／悪を判定する可能性を獲得しうることになる。道徳法則は間違いなく英知界における第一原因としての自由を実践理性に刻み込んで、われわれの魂に動力学的に潜勢し、英知界と感性界とを因果的に結びつけているのである。「この自由という比類なき概念」によってのみ「われわれはわれわれの外に出て行く必要」なしに、「条件づけられたもの」に対して無条件的な「英知的なものを見出す」ことができるのである（同 5 : 105）。そして感性界と英知界とを媒介しているゆえに、道徳法則は「アプリオリな総合命題」なのである。

この問題は「第一批判」の二律背反と密接に関連している。つまり、「第一批判」では動力学的カテゴリーを継承して動力学的二律背反が扱われることになったのだが、その場合第三の抗争として因果性をめぐる二律背反が、また第四の抗争として必然的存在者をめぐる二律背反が問題とされていた。この場合まず第三の抗争においては「自由による因果性」が問題となり、この自由を通じてわれわれは第四の抗争における必然的存在者に到達することができた。この必然的存在者こそ究極的に「ある出来事を自らはじめる能力」（Prol. 4 : 344 注）としての第一原因であり、「因果性にかんする絶対的に第一の始まり」（A. 450 / B. 478）である。第一原因であることによって必然的存在者を英知界のうちに措定することが許容されたのである。このような動力学的二律背反の成果を踏まえた上で、「第二批判」では動力学的に自由のカテゴリーが適用されることになったと考えられる。なぜなら、自由のカテゴリーが動力学的にわれわれに潜勢することによってのみ結果としての感性界における具体的な行為が導出され、それによって感性界に属する行為もまた自由であると考えることができるのであり、それと同時にこの行為の「英知界における、感性的に条件づけられていない第一原因」を導出することができるからである（KpV. 5 : 104）。付言すれば、理論理性における超越論的統覚は能動的能力として「自己活動の自発性」を備えているが、この自発性は自発的である限りにおいて自由の性質を備えている。先に『基礎づけ』を論じた際その冒頭で、「実践理性と思弁的理性とはある共通の原理において統一」されており、「究極においてはただ一つの理性が存在する」というカントの考えを引用しておいたが、この共通の原理こそ自由にほかならないことになる。なぜなら、実践理性同様、理論理性における統覚の場合も、自由こそ「ただ一つの理性」という魂の自発性における動力学的な英知的性格を示しているからである。

実践論に戻れば、これまでの考察ではどのようにして意志が道徳法則によって規定されるのかは明らかになっていない。そこで意志を規定する「動機」が問題となる（「感性論」）。動機は意志の主観的な規定根拠であり、したがって神の意志が動機を持つことはありえない。

人間のような有限な理性的存在者だけが動機を必要とする。カントは人間の意志を直接規定する動機を喚起しうるのは道徳法則以外のなにものでもありえないとみなしている（同 5 : 72）。つまり、道徳法則は定言命法として非常に厳格な命令である。道徳法則に従うという意志規定は、自分で自分の意志を規定する自由な意志規定として、「一切の感性的衝動を拒絶し……すべての傾向性を断絶し、たんに法則を通じてのみ」可能なのである。そのために「われわれは……苦痛と呼ばれる感情を引き起こさざるをえない」のである（同 5 : 72-73）。しかし道徳法則は一切の感性的衝動、すべての傾向性を打破することによって「最大の尊敬の対象」ともなり、これによって道徳法則に対する「純粋な尊敬の感情」が喚起されることになる。カントはこの尊敬の感情こそ動機にほかならないとみなしている（同 5 : 73）。つまり道徳法則への尊敬が動機となって、自由な意志は自ら道徳法則に従うのである。

道徳法則は自由の因果性の形式であるゆえに、道徳法則に対する尊敬という感情はあらゆる感情の中でも「その起源が経験的にではなく、アプリオリに認識される積極的な感性の根拠」となりうる。それは「知性的根拠を通じて引き起こされる……われわれがアプリオリに認識できる」感情であり、その必然性を洞察できる唯一の感情である（同）。ただし注意しなければならないのは、尊敬の感情は、それが感情である限りにおいて、「感性に及ぼす作用結果」なのであり、感性への作用結果を前提としているということである（同 5 : 76 傍点筆者)。つまりその起源はアプリオリであるとしても、この感情は理性的存在者の有限性を前提にしているゆえに、アプリオリな道徳法則が意志の格率を規定しているだけでは、人間が具体的な行為としての道徳的な善を、現象界において実現しえないのである。尊敬の感情がアプリオリな総合的感情であることによってはじめて善という行為を現象界において実現しうることになる。つまり、道徳法則がアプリオリな総合命題であると同時に、尊敬の感情はアプリオリな総合感情であり、したがってこの感情もまた動力学的な潜勢によって可能なのである。

ところで、以上のように実践的領域においてアプリオリな総合を可能にし、英知界と感性界という異質なものを結合しているのは自由の法則であるが、自由が法則であるということは何を意味しているのであろうか。カントは「道徳法則の範型 Typus」を自然法則に求めることによってこの問題に答えている。つまり、感性界において可能な行為が道徳法則のもとにあるかどうかをわれわれが決定するのは実践的判断力によってであるが（同 5：67）、しかしこの判断力は「特別な困難」にさらされている。なぜなら、一見したところこの場合、自由の法則が「自然に属している出来事としての行為」に適用されなければならず、自由と自然（不自由）とが結合されなければならないようにみえるからである（同 5：68）。これは明らかに矛盾している。感性界における出来事としての行為の可能性は、自然的因果性に属しており、この場合その図式は構想力が担っている。これに対し、自由の法則（道徳法則）は、この法則を自然の対象（行為）に適用する認識能力として悟性しか持ち合わせていない。なぜなら、道徳法則において感性的条件となりうるのは尊敬の感情という動機だけであり、構想力に基づく図式は感性的条件とはなりえないからである。ところで、「第一批判」の場合、悟性が理性理念に対して（感性に対してではなく）判断力のための図式として措定することができたのは構想力に基づく図式ではなく、たんなる形式面における「自然法則そのものの図式」だけである。したがって、自由の法則を自然の対象（行為）に適用しうる能力として悟性しか持ち合わせていない実践理性の場合にも、実践的判断力のための図式として措定できるのは「自然法則そのものの図式」だけである。たんなる形式面における自然法則だけが道徳法則の範型として実践的判断力の図式の役割を担うことができるのである（同5:69）。つまり構想力に基づく図式のような、直観や直観に依存しているものを英知的自然のうちに置き移すことは決して許されないが、たんなる合法則性一般の形式だけを英知的自然の範型として用いることは許されるのである（同5:70）。しかし実践的領域の場合、感性界と英知界とを媒介しうるのは自由の法則である。したがって、自由の法則は自然法則を規範としていることになる。

後に『人倫の形而上学』においてカントは「法則以外の何ものにも向かわない意志は、自由とも不自由とも名づけることはできない」（MS. 6：226）と明記している。ここに実践的領域における自由が法則であることの性質が端的に示されている。この性質は自然領域においてあらゆるものが自然法則に従って生起している状態とパラレルな関係にある。というのも、道徳法則は自然法則の厳密さをその形式にかんして範型《モデル》とし、それによって自然法則の合法則性一般と形式上一致することになるからであり、意志はこの合法則性一般にひたすら従うことになるからである。この場合、実践的判断力は、道徳法則のもとに「感性界において可能な行為」を包摂するわけではなく、「法則に対する尊敬の感情」という動機だけを包摂することになり、したがって意志規定だけが問題となる。われわれは道徳法則に従う意志の格率を自然法則であるかのように規定することによってのみ行為すべきなのである。実践的判断力の規則が命じているのは、厳密な自然法則に従って生じる現象のように、厳密な道徳法則に従って生じる行為を意志が自ら意欲しているかどうかを自問することである（同5：69参照）。このようにして道徳法則のもとに範型を媒介として尊敬の感情を包摂することによって法則は遵守 Befolgung されることになるが、このような遵守は「義務 Pflicht」と呼ばれる（同5：80）。したがって義務とは一方で「意志に基づく理性の自律」（自由）であるが、もう一方では「道徳法則への服従の強制」（不自由）でもあることになる。そのために義務に基づいてひたすら法則にのみ従う意志は「自由とも不自由とも名づけることはできない」のである。動力学的に自由の因果法則に従うということが意味しているのはこのことである。

では、実践的領域における自由に基づく動力学的な法則の遵守はわれわれをどこへ導くことになるのか。結論からいえば、われわれは「最高善」へと導かれることになる。カントは最高善 das höchste Gut と最上善 das oberste Gut とを区分しており、前者は人間が到達しうる最高の境地であるのに対し、後者は英知的な、神のような完全に精神的な存在者の境地であるとみなしている。人間は完全に精神的な存在者ではありえず、感性的側面から離脱することができない。幸福という傾向性の満足を欲求せざるをえないゆえに最上善にまで達することができない。したがって人間に到達可能な最高善とは、最上善と幸福との二律背反を逃れることができないのである。人間はこの二律背反を解消することによってのみ最高善に到達しうることになる。そしてこの二律背反を解消するためにカントは「自由」、「魂の不死」および「神」という三つの理念を要請することになる。カントにおけるこれら三つの理念と二律背反の解消の関係の概要だけを簡潔に示しておく。

三つの理念にかんして、第一に要請されるのが自由という理念である。人間の意志を自然の因果性に拘束されない自由の主体とみなすことが大前提となり（同 5：6）、自由の理念が要請される。これを要石として残る二つの理念が導出される。まず、最高善に達することが可能であるためには人間は無限に進歩する必要があり、無限に進歩するためには英知界に属する魂そのものは不死でなければならない。そのために魂の不死という理念が要請される（同 5：122 以下）。最後に、魂が不死であるだけでは幸福という「あらゆる傾向性の満足」と「まったく傾向性をともなうことのない道徳法則」とは結びつくことはない。両者を厳密に結合させるための媒介は自由であるが、その究極的な根拠として、自由の絶対的な第一原因として神の存在という理念が最終的に要請されることになり、これによって最高善に到達することになる（同 5：124-125）。こうしてカントは「第二批判」において人間における究極的な目的である最高善への到達という道徳観を示すことになる。「第二批判」ではこれら諸理念は要請にすぎないが、先に引用したプラトンへの言及が示しているように、カントがこれら諸理念の実在性と、魂とその自由とがわれわれに動力学的に潜勢していることを確信していることは疑いえないであろう。

　ところで、カントは『基礎づけ』において自由の概念は純粋実践理性の演繹を必要とする（GMS. 4：447）と述べていたが、「第二批判」冒頭においては、批判を必要としているのは純粋実践理性ではなく実践理性である（KpV. 5：8）と明言している。「第一批判」は『純粋理性批判』と題されているという点を考慮すれば、一般的に考えて「第二批判」の場合は『純粋実践理性批判』と題されるべきだろう。しかし実際には『実践理性批判』と題されている。この点についても考える必要があろう。つまり、カントはまず「純粋理性（魂そのもの）」を想定し、この純粋理性が身体に潜勢することによって⑴思弁理性、⑵実践理性として作用するとみなしている。思弁理性の場合、純粋理性が経験から離れ純粋悟性概念《カテゴリー》だけが使用されて、例えば世界は時間的な始まりを持つとか持たないとか、空間は有限であるとか無限であるというような結論を導き出せば二律背反に陥ってしまう。したがって、思弁理性の場合には経験から分離した純粋理性の独断的使用が批判されるゆえに『純粋理性批判』と題されているのである。これに対し実践理性の場合には、純粋実践理性が理性の声を響かせ、理性の事実としての道徳法則の厳格な命令によって、自由な意志をこの法則に従って行為するよう強制することになる。そして純粋実践理性は、意志を法則に従わせることによって最高善に到達するために三つの理念を要請することになるのである。つまり実践理性の場合、純粋実践理性はわれわれを最高善へと導く根拠であり、何ら批判を必要としない。批判されるべきは意志の規定である。意志規定が道徳法則に対する尊敬の感情という動機に基づいていれば批判の余地はない。しかしそれが自愛に基づいた規定であれば批判を必要とするのである。カントは「理性の全実践能力を批判する」（同4：3）と表現しているが、この場合「全実践能力」とは、純粋実践理性の能力ではなく、すべての経験的実践能力であり、具体的な経験的な意志規定である。たまたま立派な行為がなされたとしても、尊敬の感情に基づいて意志規定がなされていないとすれば、それは道徳的価値を持つことはない。したがって「第二批判」は『実践理性批判』と題されているのである。

さて、先に「第一批判」にかんしては超越論的と動力学的という概念は外延を共有すると述べたが、この問題を検討することにしよう。つまり、「第一批判」の場合、自然認識におけるアプリオリな体系が前提され、その可能性は英知界に求められていた。動力学的に考えれば、形相的なアプリオリな体系を形成している英知界から魂が身体に潜勢することによって、魂に刻印されたアプリオリな認識諸能力が作動する。したがって、「第一批判」では自然認識のアプリオリな体系という構想は英知界を大前提としていることになる。「第二批判」の場合には、より直接的に魂そのものを問題にしている。というのも、純粋実践理性は魂そのものであり、道徳法則とは魂そのものの声であり命令だからである。そして魂そのものの出自として英知界におけるアプリオリな体系がここでも前提されている（同 5 : 42 参照）。『基礎づけ』において「十分に証明された」ように、人間という理性的存在の意志（魂）は実践的な事柄にかんして「英知的秩序において規定されることができる」のであり、この英知的秩序における自由の因果性を規定することが可能なのは「確かな動力学的法則に従う gewissen dynamischen Gesetzen gemäß」ことによってだけなのである（同 5 : 42 傍点筆者）。ここで明確に確認されるのは、理論的な認識能力だけではなく実践的な欲求能力も同じ動力学的法則に従っているということである。つまり認識能力の場合には、魂は自然のカテゴリーを通じて自然法則という事実にわれわれを従わせるのに対し、欲求能力の場合には自由のカテゴリーを通じて道徳法則という事実にわれわれを従わせる。純粋実践理性は「道徳法則の原則における自律という事実」を通じて「意志を行為へと規定する」（同）のである。このことが可能なのはこれら二つの法則が動力学的に作用しているからである。先に問題にしたように、カントが道徳法則を理性の事実と確信する根拠がここにある。このように考えてみると、理論理性の場合にも実践理性の場合にも動力学的という概念は適用されるのに対し、超越論的という概念は認識論に限定され、実践的という概念と区分されていることになる。

ただし、カントは動力学的という概念によって魂の本性や英知界をそれ自体として認識しうると考えているわけではない。魂の本性や英知界は最高善という実践的概念に道徳法則を介して結びつけられているにすぎないからである（同 5 : 133）。それでも人間という理性的存在者は、感性界に在りながら道徳法則という必然的な自由の因果性を通じてわれわれを「英知的秩序のうちへと置き移す」ことができるのである（同）。カントはこのような道徳観を「純粋な実践的理性信仰」と位置づけているのであるが、この信仰は「世界創始者の現存を想定し、さらにそれを理性使用の根底に置く」（同 5 : 146）ことを大前提にしている。このような実践的理性信仰は内的立法に基づく無条件的な道徳観のうえに築き上げられている。カントはこの道徳観を具体的な法的問題にも適用しようと試みていると考えられるが、それが

『人倫の形而上学』「法論」である。そして、ここでも要石となっているのは自由である。ただ英知的な絶対的内的自由と法的な相対的外的自由とでは根本的な相違を示している。それにもかかわらず後者においても動力学的な原理が適用されていると考えられるので、この点を吟味しておくことにしよう。

4　『人倫の形而上学』「法論」と動力学的問題点

『人倫の形而上学』は第一部「法論」と第二部「徳論」とから構成され、両論とも個人に義務を強制する点で共通しているが、法論の強制は外的立法に、徳論の強制は内的立法に基づいている。前者においては義務を履行するための動機は問題にならず、結果的に義務に適った行為をなせばよいのに対し、後者においては義務を履行するための動機が最重視されている。また法の義務は当然果たすべき必然的な義務であるのに対し、徳の義務はそれに違反したからといって罪過とはならない義務である（GMS. 4 : 421 以下、MS. 6 : 240 等参照）。法論と徳論というこの二つの領域の共通項は理性に適う「自由の原理」である。徳論は実践理性の領域であり、先に確認したように、自由という理念が要石となっている。この自由を社会的公共体のうちで実現するための強制的な秩序が法的自由である。ただし道徳的自由は神を第一原因とする絶対的自由であるのに対し、法的自由は社会を構成する人間相互の相対的自由であり、ここに決定的な相違が存在する。

カントは法的自由という概念を構成する際に、「自然の形而上学」との類比によって動力学的な普遍的法則を導入しようと試みている。つまり、「普遍的自由の原理に従って万人の自由と必然的に調和する相互的強制という法則」は「作用と反作用は等しいという法則の下での物体の自由な運動の可能性との類比による法の概念の構成」に基づいているのである（MS. 6：232-233）。作用／反作用の法則は関係のカテゴリーの第三項で扱われ、したがって動力学的カテゴリーに属している。カントはこの動力学的カテゴリーを法的自由および法的概念の構成に適用していることになる。そしてこのような法の普遍的法則は「君の選択意志の自由な使用が普遍的法則に従って何人《なんぴと》の自由とも両立しうるような仕方で外的に行為せよ」（同6：231）という命法によって規定される。カントがここで想定している自由は、他者の自由を侵害しない限りでの自由がすべての人の自由を保証しうるという実践理性の要請に基づいている。したがって法的自由の場合も自由であるとも不自由であるともいえないことになる。なぜなら、個々人の自由な行為は他者との相互的な法的強制（不自由）でもあるからである。

さて、徳論における道徳的自由は動力学的であるが、法論における自由も動力学的自由を基盤としている。ここでは法論における自由を検討し、その動力学的な性質をさらに考察するが、カントが想定している法はアプリオリな諸原理にのみ基づく理性の法であり、これだけがあらゆる人の自由と両立しうるとみなされている。

法は自然状態においては「私法」であり、市民状態に至って「公法（市民的な法）」として形成される。カントによれば社会はいまだ自然状態にあるが、これを市民状態へと進展させることによってはじめて普遍的な法的関係が確立する。そしてカントは法的関係を整理するに当たって、カントが明言しているわけではないが、カテゴリーを適用している。つまり、基本となっている「土地所有」を考察してみると、第一に量のカテゴリーが適用されている。つまり、土地は⑴私や君が所有する（単一性）のか、⑵諸々の共同体（国家）が所有する（数多性）のか、⑶万人が所有する（総体性）のか、のいずれかの問題だからである。したがってここでは単一性、数多性、総体性という量のカテゴリーが適用されている。次に質のカテゴリーが適用されている。つまり、土地は⑴所有されている（実在性）のか、⑵所有されていない（否定性）のか、⑶何ものかによって所有されていればそれ以外のものは所有できない（制限性）のか、のいずれかの問題だからである。したがってここでは実在性、否定性、制限性という質のカテゴリーが適用されている。そしてこれら二つのカテゴリーの根底には何らかの力関係が存している。というのも、土地所有の基盤となっているのは最終的に「万人の意志の合致」や「万人の拘束性」という普遍的結合意志だからである。つまり私や共同体がある土地を所有していることが確認されるためには万人がそのことを承認する必要があり、そこに私や共同体と万人との力関係が生じているのである。この点を踏まえると、ここでは関係のカテゴリーが適用されている。そしてこの場合、物権と債権、および物権的債権（物件に対する仕方で人格に対する権利）という、土地以外の要因も考慮されている。なぜなら⑴土地所有は物権の問題であり、この場合、土地とその所有者との関係が問題となるのであるが、一定の不変な土地に対してその所有者は変化しうるゆえに、土地を実体、所有者を属性と位置づけることができる（実体性）。また⑵土地所有は債権の問題であり、例えば私がある他者に土地を貸して賃貸料を受け取る（給付）場合、私の選択意志は他者の選択意志を占有することになるが、このような両者の選択意志による給付という「行為の規定」（同6：271）は原因と結果の関係にほかならない（因果性）。さらに⑶物権的債権は「夫は妻を取得し、夫婦は子を取得し、家族は奉公人を取得する」という全人格的な家族権であり、家族の構成員相互の関係を規定している（相互性）（同6：276-277）。したがってここでは実体性、因果性、相互性という関係のカテゴリーが適用されている。最後に土地の取得は根源的所有、私法および公法による所得として規定される。つまり大前提となるのが「万人による大地の根源的所有」であり、ここではこの権利を保証する「許容法則 lex permissiva」（同6：247）が

「およそ私の選択意志のあらゆる外的対象を私のものとして有することは、可能である」（同6：246）として要請されている。要するに、許容法則とは私がすべての土地を取得することは可能的にはありうるという「可能的正義の法則」（lex iusti）にほかならない。したがって、ここでは様相のカテゴリーにおける⑴可能性の様相が適用されている。そしてある土地が実際に何ものかによってすでに占有されている場合（「時間において先なるものは、権利において優先的である」（同6：259））、この権利を保証するのが「現実的正義の法則 lex iuridica」（同6：267）であり、ここでは⑵現実性の様相が私法のもとに要請されている。さらに土地にかんする分配の法則が「外的自由の公理に従って、……ただ市民的状態においてのみ」帰結しうる状態にあれば、この権利を保証するのは「分配的正義の法則 lex iustitiae distributivae」（同）、ないし「必然的正義の法則 lex uridica」（同6：237）である。つまりこの場合⑶必然性の様相が公法のもとに要請されているのである。したがって土地の取得にかんしては可能性、現実性、必然性という様相のカテゴリーが法的要請として適用され、さらにここには公的裁判権、国家法および国際法が含まれることになる。

さて、以上のように解釈することが可能であるなら、カントは『人倫の形而上学』「法論」においても明確にカテゴリーを適用している。「第一批判」を考察した際に確認したように、動力学的カテゴリーだけではなく数学的カテゴリーをも含めてカテゴリー全体が動力学的であった。したがって、法論においても動力学的構想が適用され、カントの法論は動力学的自由という基盤の上に成立しているとみなすことができる。動力学的な観点を現実の法的関係に適用することによって、カントは「純粋な道徳的原理」（アプリオリな英知界における行為の原理）を現実の社会関係（アポステリオリな感性界における法的行為の原理）にも適用しようと試みているとみなすこともできる。ただ、法論に対しては、特に物権的債権は子供や妻をあたかも物件であるかのように扱うという点で、多くの批判がなされており、また『人倫の形而上学』と題されたこの著作がカントの構想していた真の学問としての「人倫の形而上学」といえるのかどうかはきわめて疑わしい。したがって、カントは「自然の形而上学」にかんしても「人倫の形而上学」にかんしてもその著作を公刊してはいないという疑念は残る。しかしここでは法論に対してカテゴリーが適用されており、その限りにおいて動力学的な観点が導入されているという点を確認しておくことが重要であろう。

次章では最後の「批判」である『判断力批判』を検討する。というのも、『判断力批判』は「自然の形而上学」と「人倫の形而上学」という自然と自由にかかわるこれら二つの形而上学が結びつきうる可能性を論証する試みだからである。またそれと同時にこの試みによってカントは自分の哲学体系そのものを完結しようとしているのであるが、そこに動力学的な思考が深く介在しているのかどうかを検討することにしよう。

第五章

『判断力批判』と動力学

「第三批判」は第一部「美感論」と第二部「目的論」の二部構成である。第一部では「美の分析論」と「崇高の分析論」とが扱われ、第二部では「自然の目的論」と「道徳の目的論」との関係が中心的主題になっている。「第三批判」公刊以前に『判断力批判 第一序論』(20：193-251)という、序論としては大部のものが著されているが、ここでは目的論にかんする記述が大半を占めており、「第三批判」においてカントが第二部を中心に構想していたことが理解できる。実際、第二部で展開される重要な諸概念が何の前触れもなく唐突に第一部に登場してくるなど、カントの構想は明らかに第二部から出発している。そこで理解を容易にするために、ここでは第二部から考察することにする。

1　第二部「目的論的判断力の批判」

そもそも「目的論 Teleolgie」とはギリシア語の「τελοσ（目的）」と「λόγοσ（論理）」から成る造語で、ヴォルフによって作られた概念であるが、目的論の内容そのものは基本的にアリストテレスにまで遡及することができる。例えば青銅の塊というたんなる質料が彫刻家によって形相を与えられ、彫刻像として完成した場合、アリストテレスは最初の塊の状態を可能

態 δύναμισ、完成状態を現実態 ἐνέργεια とみなし、世界は前者から後者へと発展することによって完成するとみなしている。例として挙げられている彫刻像の場合には彫刻家が外的原因として青銅の塊に働きかけているのであるが、世界の発展にかんしては不動の動者としての神が世界全体を作動させている。この運動を可能にしているのが目的因である。目的因とは機械論的自然観における作用因（外的原因）と違って、混沌とした世界（可能態）を、この世界にあらかじめ内在している本質（形相）が自ら作動し、世界そのものを純粋形相（現実態）へともたらす要因である。つまり、そもそもの世界の状態にはこの世界の本質である純粋形相が潜勢しており、目的因は完成状態へと向かう発展段階においてこの形相を徐々に実現することになる。この場合、目的因の役割を担っているのが「美」である。したがって最終的に完成した世界には美しい純粋形相が実現し、明確な形相が与えられ、現実態（目的）に到達することになる。アリストテレスの場合、このような運動全体に存在論的根拠が与えられているのに対し、カントは存在論的根拠を排除し、世界全体があたかもこのように運動しているかのように（als《アルス》 ob《オブ》）構想しているが、それでもカントは基本的にアリストテレスの目的論を継承している。

　ところで、カントが「第一批判」で扱っている自然は機械論的自然であり、それは有限な理性的存在者である人間が認識しうる領域である。これに対し「第三批判」で扱われる自然は機械論的には説明不可能な「有機体＝生命体」としての自然である。そして「自然の有機的産物とは、そのうちではすべてのものが目的であり、相互に手段でもあるようなものであることを意味」し、「盲目的な自然のメカニズム」には帰せられない（KrU. 5：376）。この場合われわれは、「自然の諸産物を……目的と目的因に従ってのみ可能であると表象する」（同 5：408）ことになる。要するにカントは外的な作用因に基づく機械論的自然と目的因に基づく有機的自然という二つの異なる自然を扱っており、「第三批判」では後者の内的目的論が展開されているのである。

　例えば樹木が風という原因によって揺れるという結果を生じる場合、ここでの因果関係は外的因果性であり、これは機械論的自然現象である。これに対し、同じ樹木が生命体として生長する場合には内的因果性に基づいている。例えば、茎が原因となって水分や養分を枝や葉にもたらすことによって樹木全体は生長するが、この場合、結果は生長である。しかし逆に生長するためには茎が必要であり、生長することが原因となってより丈夫で性能のよい茎が結果として生じることにもなる。これは有機的自然現象であり、この場合、原因と結果の関係は機械論的自然現象のように一方通行ではなく相互的であり、したがって内的因果性に基づいている。いわば結果は目的であり、目的に至るための手段はこの目的を実現するための動因である。カントはこの動因のことを「合目的性」と称している（同 5：§10 参照）。こうして樹木は「その部分のすべてを目的として」繁殖し、「各部分を相互に手段とすることによって」成長し続けることになる。つまり自然の有機的産物には内的合目的性の原理がアプリオリに貫かれていることになる（同5：376）。

「植物や動物の解剖にたずさわる学者たち」はこのような内的形式にかんして、そこには「何一つ無駄はない」という格率を「必然的である」とみなし、またそこでは「何一つ偶然には生じない」という「普遍的自然論の原則と同じ格率」を主張している。要するに内的合目的性という有機的自然の原理は必然的で普遍的であり、ここからカントは「自然目的」という概念を導入し、目的論を自然全体に拡大することになる。例えばある種の花はこの種の花を咲かせている植物の繁殖を目的としている。したがって、花のような自然は例えば繁殖という目的のために必然的で普遍的に存在し、自然目的が目的論的原則として導入されている（同）。このように自然目的とみなされた有機的自然を機械論的に説明することは不可能であり、機械論的自然と有機的自然とは明らかに矛盾している。というのも、自然法則は経験領域に限定され、自然目的という構想は経験領域における自然のメカニズムを遥かに超えているからである。それにもかかわらず、カントは自然目的が自然法則を「アプリオリに規定する根拠として役立つべきである」（同5：377）と仮定している。『哲学における目的論的原理の使用』において、自然研究にかんする「理論的な道」と「目的論的な道」という二つの道を想定した上で、カントは「理論がわれわれを見捨てるところでは目的論的原理から出発する権利があり、あるいはむしろその必要性がある」（GtP. 8 : 159）とみなしている。「第三批判」に戻れば、この問題についてカントは鳥の構造を例として挙げている。鳥の構造は「自然におけるたんなる因果結合に従うだけではきわめて偶然的」で「多様な」ままであるが、未規定なこの自然の多様性に対して統一を与えうるのが目的論的判定である（KrU. 5 : 360）。しかし目的論的原理には客観的な理論的根拠は存在せず、「自然目的という概念は、その客観的実在性にかんして、理性によっては決して証明されることはできない」（同 5 : 396）のである。それにもかかわらず有機的存在者は自然目的という概念に「はじめて客観的実在性を与え、これによって自然科学に対して目的論の根拠を与える」（同 5 : 376）ことになる。

つまり、カントはまず樹木や花や鳥のような現実に存在している有機体を観察し、そこにアプリオリな内的合目的性の原理を客観的な事実として認めている。次にこのような有機体を自然目的とみなし、その上で自然目的という概念の下に全自然を一つの有機体として想定しているのである。この場合、確かに理性は全自然という自然目的に対して客観的実在性を与えることは不可能である。なぜなら、それは経験領域を遥かに超えているからであり、全自然に対して客観的実在性を証明するためには神の存在を必要とする（同 5 : 399 参照）が、理性は神の存在を証明することはできないからである。しかし有機体そのものは経験領域で現に観察可能であり、客観的実在性を有している。そこでカントは有機体とみなした全自然に対して「あたかも客観的実在性を有しているかのように」想定し、それを自然目的と仮定しているのである。「第一批判」においても、カントはすでに目的論が「機械論における普遍的法則に従う自然統一」を完全なものにするのに役立つとみなしているが（B. 720）、このようにして有機的目的論は自然科学に対して全自然の統一という根拠を与え、また自然目的という概念はあたかも「自然法則をアプリオリに規定する根拠として役立つ」かのようにみなされたのである（KrU. 5 : 376 参照）。

このような仮説に基づくなら、全自然、全世界にはアプリオリな合目的性の原理が貫かれていることになる。ただしこの原理は自然に対しても自由に対しても立法的ではなく、たんに主観的に自分自身に対して立法的であるにすぎない。それゆえこの原理は「自己自律 Heautonomie」と呼ばれている（同 5 : 185）。またこの原理は「反省的判断力の原理」にほかならない。反省的判断力とは特殊が与えられていて、この特殊に対して普遍を見出す判断力である（同 5 : XXVI）。要するに、反省的判断力とは「第一批判」において自然の諸法則（特殊）がカテゴリーを通じて見出されている場合に、これらの諸法則に対して普遍（理念）を見出す統制的な判断力のことなのであるが、「第一批判」の段階ではいまだこの名称は与えられていなかった（これに対し普遍（カテゴリー）が与えられている場合、特殊（感性的データ）をこの普遍の下に包摂して現象を構成する判断力は規定的判断力と称されている）。有機的自然において、自然とそのメカニズム（特殊）は自然目的（普遍）の下に合目的性の原理（媒概念）を介して包摂されることになるが、この場合、有限な人間には特殊しか与えられておらず、この特殊に対して媒概念を介して普遍が求められているゆえに、合目的性というこの媒概念的原理は反省的判断力の原理にほかならないのである。したがって、この原理は統制的にとどまることになるが、機械論的自然と有機的自然との矛盾はこのような統制的原理を媒介することによってのみ解消されることになる——ただしかのようにでしかありえないが。この前提の下で、カントはさらに全自然がその創造の究極目的である文化のために、またその担い手である人類のために存在していると仮定している。以上が「自然目的」の概要である。

他方では自由の目的として「道徳の目的」が想定されている。『哲学における目的論的原理の使用』ではこの二種類の目的の関係が簡潔に要約されている。つまり、自然について客観的実在性が保証されるのは経験領域に制限され、経験領域を超える全自然の統一という自然目的の概念はあくまで「かのように」として仮定された概念にすぎず、「自然にかんする目的論的原理の使用は常に経験的に制約されている」のに対し、自由の目的は「純粋な実践的原理によってアプリオリに規定」され、この実践的原理は「理性の目的をアプリオリに申し立てている」(GtP. 8 : 182) と。要するに、自然にかんする目的論的原理は「合目的的な結合の根源的根拠を完全な仕方で、あらゆる目的に対して十分規定的に申し立てることはできない」のであり、十分に規定的に申し立てることができるのは純粋な目的論である自由の目的論以外にはないのである(同)。自由の目的論のアプリオリな原理は実践的な原理であり、したがって「純粋な実践的目的論すなわち道徳は、その目的を世界のうちで実現」し、自然のうちで実現するよう「使命づけられている」のである(同 8 : 182-183)。道徳こそが目的論に対して客観的実在性を与えることができるのである。そして道徳の目的論は自然のうちで自然目的とともに成就されなければならないのであり、道徳的に成就されうるこの目的こそ完全なる道徳世界である究極目的(最高善)にほかならない。

　自然目的と道徳の目的についてのここまでの問題点を整理しておこう。カントはまず「第一批判」における機械論的自然を「第三批判」では有機的な自然目的の下に包摂し、さらにこれを道徳の目的の下に包摂することによって究極目的に客観的実在性を与えようとしている。要するに、究極目的は「理性に直接関係する」(GtP. 8 : 182) ゆえに経験領域を遥かに超えることになるが、経験領域を超えた場合に客観的実在性が保証されるのは実践的領域だけであった。そこでカントは実践的な道徳の目的の下に自然目的を包摂し、それによって目的論に客観的実在性を与えようとしているのである。この場合、自然目的は道徳の目的のために存在し、道徳の目的は人類が究極目的に到達するために存在することになる。そしてこのことが自然目的と道徳の目的という二つの目的の存在意義であり、このような想定のもとで、人類が究極目的に到達することがあたかも世界創造の意義であるかのようにみなされているのである。カントの目的論をこのように要約することができるとすれば、世界が創造された瞬間から、つまりカントが『天界論』で論じたように、神によってきっかけを与えられた大爆発《ビッグ・バン》の瞬間からアプリオリに引力と斥力という動力学的な二つの力が宇宙全体に拡大すると同時に、アプリオリな合目的性の原理もまた宇宙全体に拡大することになる。そうだとすれば前批判期における『天界論』では、目的に向かって進展する宇宙という観点から、すでに「目的論」が先取りされている。カントには最初期の段階から目的論的思索が存在していることになるし、その場合、合目的性の原理が、つまり主観的に目的にかんして類比に基づいて導出された反省的判断力の原理（KrU. 5 : 360 参照）が作用していることになる。「第三批判」では、自然の領域においても自由の領域においても見出される、反省的判断力の主観的原理であるアプリオリな合目的性が自然概念と自由概念とを媒介することによって理論理性から実践理性への移行を、したがってまた自然概念に従う合法則性から自由概念に従う究極目的への移行を可能にし（同 5 : 194 参照）、こうしてはじめて「自然のうちでのみ、また自然の諸法則と調和してのみ実現されうる究極目的の可能性が認識される」（同 5 : 196）ことになる。とはいえ究極目的および究極目的の存立根拠として想定されている形相的な英知界は「かのように」仮定されているにすぎないのである。第一部を検討することにしよう。

2　第一部「美的判断力の批判」

第一部では「美」と「崇高」が分析の対象となる。美は趣味判断の対象であり、カントはラインホルト宛の手紙（一七八九年十二月二十八―三十一日付）において「趣味についてのアプリオリな原理の発見」を告げ、これによって趣味判断を「超越論哲学の考察対象」とみなすことになる。つまり、あらゆる真の知が真実在の世界である英知界のうちにアプリオリに体系化されているとすれば、このアプリオリな体系が動力学的に現象界のうちに潜勢している限りにおいて、この体系におけるアプリオリな原理を見出せるものだけが超越論哲学の考察対象となりうるのである。この場合アプリオリな認識能力は悟性と構想力である。「第一批判」の段階ではいまだ趣味についてのアプリオリな原理は発見されておらず、趣味にかんする哲学は存在しえないとされていたが、(28) 一七八九年の段階で趣味についてのアプリオリな原理が発見され、「第三批判」第一部が構想されることになった。

美の判定においてはまず経験的に個々の芸術作品や自然が感性的に受容され、それによって構想力が形成する自由な表象の形式が悟性の法則一般性とたわむれることになる。田辺元は『カントの目的論』において美を「構想力によって形成される表象の形式〔特殊〕」を「悟性の法則一般性〔普遍〕」の下に包摂することによって生じる仮象とみなしているが[29]、そうだとすれば普遍はすでに与えられているのでここでは反省的判断力ではなく規定的判断力が問題となり、美は仮象ではなく現象になってしまう。しかしカントにとって美はあくまで仮象にとどまるのである。趣味判断においては個別的にそのつど判定される美（特殊）に基づいて、普遍としての美の判定が求められているのである。そして経験的に個別的な美（特殊）が判定される場合に、「認識諸能力相互の調和状態（悟性と構想力との自由なたわむれによる調和）」が「万人の賛同を要求しうる美感的判断」によって普遍としての美（形相的美自体）もまた同時に感知されることになる。したがって、第二部同様、第一部においても反省的判断力が問題なのであり、普遍としての美は、対象の実在的規定にはかかわらない主観的な反省的判断力が判定する仮象として表象されることになる。そして第一部で中心的問題となるのは美と崇高が第二部目的論とどのような関係にあるのかということである。「美の分析」から考察することにしよう。

美には付随美と自由美という二種類がある（同 5 : 229）。付随美は人間が創造する人工美（芸術美）であり、ある対象に対する「美しい表象」を意味している（同 5 : 311）。「美しい表象」とは技術を用いて美の対象を制作する芸術家における天才の表象であり、この表象の場合、完成した作品という結果（目的）の概念が前提とされている。つまり、「そのものは何であるかについての概念が、まずはじめに根底に置かれなければならない」のである。これに対し自然美（自由美）は「美しいもの」を意味し、付随美のように目的の概念を必要とはしない。なぜなら、それは「自由な……たんなる形式がそれだけで満足を与える」美だからである（同）。また自然美は芸術美に優っているが、それは「人倫的感情を開化してきたすべての人間の純化された根本的な考え方と合致する」からである（同 5：299）。あるいは「自然の美に対する直接的関心を持つことは……常に善い魂の一つの特徴を示している」（同 5：298）からである。要するにカントにおいて基本的に芸術美よりも自然美が趣味判断の対象となるが、問題はなぜ自然美は「人倫的感情」や「善い魂」との関連を示しうるのかという点にある。「趣味判断の四つの契機」という第一部の核心部分を分析することによってこの問題を考察することにする。

美しいものの判定能力は「趣味」と呼ばれる（同 5：203 注）。趣味にかんする判断は「常にどこまでも客観についての単称判断」であり、「たんに主観的妥当性を持つ」にすぎない。したがって「美の学」も「美しい学」も存在しないことになる（同 5：304）。それにもかかわらず、趣味判断が「あたかも認識根拠に基づいて、証明によって必然的に確立されうる客観的判断であるかのように」判定されるとすれば、趣味判断は「すべての主観に対して同意を要求する」ことができる（同 5 : 285）。なぜなら、趣味判断は自然美についての個々の主観的判断ではあるが、客観的認識におけるようにカテゴリーに応じて判定されるなら、あらゆる人に同意を要求しうるからである。そこでカントはカテゴリーに従って自然美を判定することになるが、この判定は、仮象の判断である限りにおいて、認識論の場合のように「一定の概念を前提にする」ことのない、「構想力と悟性との自由なたわむれ……における心の状態以外ではありえない」（同 5 : 217-218）判断である。

趣味判断はカテゴリーに応じて四つの契機に基づいて判定されるが、その場合、基本となるのは、認識論におけるように量ではなく質である。要するに、認識論の場合、第一に問題となるのは量のカテゴリーにおける外延量であり、量的に規定された主語概念が基本となる。さらに質のカテゴリーにおいてさえ問題なのは内包量であった。これに対し趣味判断において基本となるのは質である。つまり、「美しいか否か」という述語の質だけが問題であり、主語概念の量的規定はそれほど問題にならない。そのために量と質のカテゴリーの位置づけが認識論の場合と趣味判断の場合とでは逆転し、後者では「質の契機」が最初に位置づけられ、それに「量の契機」が続くことになる。質にかんする「第一の契機」からみることにする。

「第一の契機」の結論は「趣味とは、一切の関心にかかわりなく満足あるいは不満足によって、ある対象ないしその対象の表象の仕方を判定する能力である。このような満足の対象は、美しいと呼ばれる」（同 5：211）というものである。この結論から理解できるのは、美が関心なき満足であるということである。カントは満足感を三つに区分している。一つは「快適」にともなう満足感であり、これは例えばファションに対する好みのような感覚的刺激に対する経験的な満足である。この満足感は個々人によって、地域によって、また時代によって千差万別であり、同じ人間であっても条件によって異なる。二つ目は「善」にともなう満足感であり、道徳法則に適った格率に従う満足感である。カントは以上二つの満足感は関心にかかわるとみなしている。「関心 Interesse」とは、第四章冒頭で触れたように、「間に‐在ること」である。したがって、この場合関心は「現存している諸々の事柄の間にかかわっている状態」というほどの意味であり、上記の二つの満足感はこのような意味で間に‐在る状態での満足感という意味になろう。確かに感覚的刺激は具体的な事柄の間（さまざまなファッションの間）で生じるだろうし、また善は一定の理念に基づいて具体的に行為する人間相互の間で生じる問題であり、ここでの満足感はいずれも関心にかかわっている。これに対し唯一関心とはかかわらない満足感があり、カントはこれを美にかかわる満足感とみなしている。

例えば茶道の場合を考えてみよう。茶碗は基本的にお茶を飲む道具である。道具である限り、それは実際に使用されることを前提としている。またその使い心地や便利さ等は感覚的刺激を基本にしているので、その満足感は人によって異なる。この意味で道具としての茶器は第一の満足感に属している。また茶道は道としての一面を持っている。その限りにおいて一定の理念に適う所作にともなう満足感が、つまりそこに参加している人たちの間で理に適った所作（行為）にともなう満足感が要求される。この意味で道としての茶道は善の場合と同様、第二の満足感に属している。したがって道具の場合も道の場合も、そこでの満足感は関心に基づいている。しかし他方で茶碗の「侘び—寂び」等を享受することもある。この場合には関心にかかわらない満足感、つまり茶碗という対象の現実的な存在にかかわるのではなく、構想力と悟性という認識能力相互のたわむれの状態が一定の調和に達している「表象の仕方」にかかわる満足感が得られることもある。なぜならこの場合、悟性は茶碗の形や大きさについての規定作用《カテゴライズ》を行う一方で、構想力は（認識論の場合のようにカテゴリーに全面服従するのではなく）自由に活動することによって、侘び—寂びという仮象を心の中で生じさせることになるからである。カントが美と呼んでいるのは、この種の仮象に類似している（ただし、厳密に言えば侘び—寂びを感知しない人もいるのでこの仮象は美の場合のように普遍性を要求しえず、類似しているにとどまるのだが）。なぜなら美は、仮象である限りにおいて、現実に存在している対象そのものにかかわっているのではなく、したがって無関心的だからである。趣味はこのようにして美を判定していることになる。以上の点を考慮した上で、先の「第一の契機の結論」をもう一度読んでいただければ、カントの意図は十分理解されることと思う。

「第二の契機」の結論は「美は、概念なしで普遍的に満足を与える」（同5：219）というものである。まず「概念なしで」が問題となるが、先に付随美と自由美に言及した際に前者より後者が優れているゆえに趣味判断では後者を扱っているとみなした。自由美は自然美であり、自然美は芸術美のように作品としての目的（結果）の概念を必要とはしないのである。次に「普遍的に」が問題となるが、美の判定の場合、対象を客観的に認識するカテゴリーと違って、主語概念が明確に規定されている必要はない。なぜなら趣味判断の主語は「私」であると同時に「すべての人」であり、いかなる人にも妥当する普遍的な判定が前提になっているからである。そして美しいか否かという述語（質）だけが問われており、美しいと判定される場合には普遍的にすべての人が満足感をうることになる。ただし、主観的に判定されるしかない美がなぜすべての人の賛同を要求しうるのかは「第二の契機」ではいまだ明瞭にされておらず、次の「第三の契機」まで待たなければならないが、カントはこれを最終的に「趣味判断の演繹」で解明することになる（後述）。

「第三の契機」は趣味判断における最も重要な契機であり、その結論は「美は、ある対象の合目的性が目的の表象を持たずに対象について知覚される限り、この対象の合目的性の形式である」（同5：236）というものである。ここでは「目的」や「合目的性」という概念が唐突に用いられているが、これらの概念はすでに検討した「第二部」で中心的に扱われていたという点に留意する必要がある。つまり、明言されているわけではないが、「第三の契機」においては「第二部」の展開が大前提となっているとみなすべきであろう。そこでもう一度簡潔に第二部の展開を振り返っておこう。

反省的判断力のアプリオリな合目的性の原理に基づいて、自然目的である有機体としての全自然が人類の道徳の目的を実現するために道徳の目的のもとに包摂されることによって、人類は究極目的に到達することになる。この場合、有機的な全自然は経験領域を遥かに超えているが、だからといって有限な人間はこれをまったく経験しえないわけではない。樹木や花のような、人間にとって経験可能な有機的自然には内的合目的性の原理がアプリオリに貫かれており、人間という有限な理性的存在者であっても有機的自然を媒介にして、主観的に自然美の中にアプリオリな合目的性の形式を見出すことができるのである。この場合、われわれは直接目的そのものにかかわるわけではないが、間接的に究極目的の形式を判定することになる。

カントは確かに「趣味判断の根底には、主観的目的が存在すること」はできず、また「目的結合の諸原理」に従っている「客観的目的の表象」も「趣味判断を規定することはできない」とみなしている（同5：221）。さらにさまざまな実例を「自然の美しい諸対象ないし崇高な諸対象に求める場合にも、そのような対象はおよそ目的についての概念を前提にするようなものであってはならない」と明言している（同5：270）。しかし趣味判断の場合、「主観の認識諸力のたわむれにおけるたんなる合目的性の意識」は「認識一般にかんしてある内的因果性（合目的的である因果性）を含む」（同5：222）とみなされている。したがって、ここで主張されているのは美と崇高においては直接的に目的（結果）が概念として表象されることはないということであって、間接的にも目的とは一切かかわらないということではない。つまり、普遍的な美は決して概念化されることがないゆえに目的という概念を持たないにしても、しかしある対象の「合目的性の形式」そのものである。「合目的的である因果性を含む」という表現は合目的性の形式にかんする原因と結果の関係を示唆している。つまり間接的ではあるが目的とかかわっていることを意味している。そしてこの因果性は合目的的な目的関連に基づく内的因果性にほかならない。したがって、第二部において客観的と表現されている「実質的目的」とは直接かかわらないとしても、「たんに形式の合目的性を規定根拠に持つ趣味判断」（純粋趣味判断）は間接的にこの実質的目的と因果的にかかわっていることになる（同5：223）。

カントは第二部目的論のある箇所で明確に述べている、「自然の美は……人間もそこでは一つの項である体系としての自然全体における自然の客観的合目的性とみなされることができる。これは、自然現象の目的論的判定が、われわれに有機的存在者が示す自然目的によって、自然の諸目的の一大体系という理念を持つ権利をひとたびわれわれに与えた場合のことである」と。つまり経験領域における自然美は経験領域を遥かに超える「自然の客観的合目的性」を示しており、樹木や花のような有機的自然目的によって「自然の諸目的の体系という理念」が与えられることになる。さらにこの箇所の注では次のように述べられている、「本書の美感的部分では……自然美はどのような目的のために現存するのかについては……まったく顧慮されていない。しかし、目的論的判断ではわれわれはこの関係もまた留意する。そしてこの場合には、自然がこのように多くの美しい形態を陳列することによって、われわれに開化を促そうと欲していたことをわれわれは自然の恩恵とみなすことができるのである」（同 5 : 380 および注）と。要するに、経験領域での自然美は目的についてわれわれに何も伝えることはないが、経験領域を遥かに超える「目的論的判定」においては、自然美が目的のために現存していることが示されている。要するにこの引用文では第一部と第二部との密接な関係が明らかにされているのである。

ここで問題点を整理しておこう。第一部において反省的判断力は経験領域における有機的自然の形式的で主観的な合目的性を示す自然美を媒概念として、「個々の有機的自然に内在する特殊としての美」から「普遍としての美」を求めることによって、間接的に「究極目的」とかかわることになる。第二部では同じ有機的自然の観察に基づいて合目的的な目的連関を形成している自然目的を見出し、これを経験領域を超える全自然にまで拡大することによって、そこに反省的判断力のアプリオリな主観的合目的性の原理が貫かれていることを見出すことになる。そして反省的判断力におけるこの合目的性の原理を媒概念として、自然目的を、この目的に客観的実在性の根拠を与える道徳の目的のもとに包摂することによって最も普遍的な究極目的を見出すことになるのである。したがって、第一部、第二部ともに反省的判断力の原理、つまりカントが「発見」したアプリオリな合目的性の原理が貫かれていることになる。

カントは述べている、「自然はいたるところで、人間の眼がきわめてまれにしか届かない（しかし、美は人間の眼に対してのみ合目的的である）大洋の底ですら、なぜあのように惜しみなく美を広くまき散らしたのか」（同 5：279）と。すべての被造物が究極目的のために創造されたのだとすれば、すべての被造物はそのための原因である合目的性の形式を備えているはずである。だからこそ美は、美が究極目的を前提にした合目的性の形式である限りにおいて、すべての人に満足感を与えうるのであり、これによって「第二の契機」において残されていた問題、つまり「美は普遍的」であり、「すべての人の賛同を要求する」ことの根拠がえられることになる。さらにここでは「自然美はなぜ人倫的感情や善い魂との関連を示しうるのか」という問いに対しても解答がえられることになる。なぜなら、自然美を形式とする有機体はその合目的性のゆえに自然目的とみなされ、この自然目的は道徳の目的のもとに包摂されて究極目的へと到達するところにその存在意義があり、したがって道徳の目的にともなう「人倫的感情」や「善い魂」と密接にかかわることになるからである。

さて、以上のように考察してみると自然美は間接的にではあるが必然的に究極目的とかかわっていると想定することができるが、このことが最後の「第四の契機」の結論、「美は、概念を持たずに必然的な満足感の対象として認められるものである」（同 5 : 240）を導くことになる（この点にかんしても「演繹」において論じられることになる）。

ところで、美的判断力のこの四つの契機はカテゴリーに基づくものであったが、認識論におけるように数学的と動力学的とに区分されてはいない。それはおそらく美にかんしては量が重視されていないためであろう。認識論の場合、ニュートン的な数学的（量的）に処理された自然科学を基礎づけるために動力学的なカテゴリーが用いられていたのに対し、美にかんしては質が重視されているために数学的な量的関係はほとんど問題にされていない。美にかんしては動力学が力学を基礎づける必要はないのである。そのために数学的と動力学的との区分は存在しないのであろう。それでもこの四つの契機はすべて動力学的であるとみなしうる。なぜなら、美のイデアが現実世界におけるさまざまな自然や芸術に動力学的に潜勢していることが大前提となっているとみなしうるからである。

「美的判断力」におけるもう一つの主題は「崇高」であるが、崇高の判断力は美と同様、反省的判断力である。崇高は美の場合と違って数学的崇高と動力学的崇高とに区分されている。というのも、ここでもカテゴリーに応じた判断がなされるのであるが、量が、つまり大きさや力が基本となっているからである（同 5 : 244）。数学的崇高においては量的な「極端に大きいもの」「あらゆる比較を超えて大きいあるもの」（同 5 : 248）が、動力学的崇高においては「われわれに対して威力を持たない力」とみなされる限りでの自然の「威力」が問題となっている（同 5 : 260）。美の場合と決定的に異なっているのは、崇高の場合、構想力が悟性とではなく理性とかかわっている点である（同 5 : 244）。つまり構想力は「理性の諸理念と主観的に合致」（同 5 : 256）することによって、「ある心の調和を生み出している」のであるが、理性理念とかかわることとは二つの点で美の場合との相違を意味している。一つは「経験領域を超える」ということ、もう一つは「道徳性と直接かかわる」ということである。ただし、美と崇高はある面で密接に関連してもいる。なぜなら、美は、第三の契機で触れたように、人倫的感情や善い魂と密接にかかわっており、この点で崇高と密接に関連しているからである。カントはここから美を「人倫性の象徴」あるいは「人倫的に善いものの象徴」とみなすことになる（同 5 : 351）。例えば、災害に遭った地域で食料等が配布される場合、われ先にと他人を押しのけて配布物を手に入れようとするのではなく、整然と秩序正しく自分の順番が来るまで待っている姿は人倫的に善い行為であり、それは美しいと称するに値する。カントは美善合一《カロカガティア》という古代ギリシアの思想をここでも踏襲している。要するに、カントは自然や芸術作品という経験領域に内在している美を、経験を超える善という人倫的理性理念の象徴とみなすことによって、経験領域と経験を凌駕する領域とを美によって媒介させているのである。したがって、「第一批判」における「感性的図式」[30]や「第二批判」における「範型」という媒概念の役割を「第三批判」では「美」に担わせていることになる。

ところで象徴とは「たんなる類比に従った表象」（同 5 : 352 注）である。また美は仮象である限りにおいて、現象におけるように時空間的に直接規定されてはいない。先に例示した人倫的行為における美しい秩序の場合、象徴としての美は具体的に時空間において規定された秩序正しい行為ではなく、秩序という概念との形式的な一致が問題となる。例えば、「三角形」はある特定の具体的な「山」の象徴であるのではなく、すべての山を象徴する、山という概念との形式的な一致を示しているのである。この意味で美は人倫性の象徴なのであり、秩序という概念であれば「間接的表出を含む」（同 5 : 352）ことになる。要するに、象徴としての美は経験領域と経験的領域を凌駕する人倫的理性理念とを媒介することによって、崇高という感情への橋渡しをしているのである。崇高は美以上に道徳的感情の高まりを導くことになる。

数学的崇高においては構想力の想像する能力が追いつきえないほどの「極端な大きさ」（例えば宇宙の無限な広がり）によって、また動力学的崇高においては「われわれに威力を及ぼさない限りでの自然の威力」（例えば絵画に表現された荒れ狂う大洋）によってわれわれの精神は「崇高な感情へと規定される」（同5:246）。崇高とは精神の内なる感情であり、理性における感情である。崇高におけるこの感情は、美の場合と違って、あまりに絶大であったり、あまりに荒々しいために「不快を介してのみ可能な快」（同5:260）とみなされている。そして理性におけるこの感情は、われわれを「ある超感性的基体」（同5:255）へと導かざるをえないが、それは神を想起させる。確かにカントは目的論において「神というものが存在する」という命題の成立が必要であるとみなしている。しかしその独断的な証明を拒否し、その代わりに主観的原理として、われわれの悟性との類推から、「ある悟性的な根源的な存在者が存在する」という命題が、なるほどそれは「客観的には立証することはできないが、しかし主観的に」のみ証明されるとみなしている（同5:399）。カントは神の現存を最終的には道徳的に究明しようと試みることになるが（同5:887）、このいかにも遠まわしな論証の仕方は、道徳的世界原因である「世界建築者［デミウルゴス］」を仮定しておく必要があったからである（同 5：450）。なぜなら、この世界建築者の意図こそ究極目的という道徳的に完成した世界を設計することのできる唯一の根拠とみなされているからである。英知的でアプリオリな世界原因が仮定されている以上、崇高の感情も、美の場合と同様、動力学的にわれわれを道徳的世界原因へと導くとみなされているのである。こうして崇高の感情によって、「第一部 美的判断力の批判」は「第二部 目的論的判断力の批判」へと導かれることになる。

「美的判断力の批判」は最終的に「演繹」を必要とする。美的判断における反省的判断力のアプリオリな原理が必然的な普遍妥当性を有すると主張するためには、認識論および実践論の場合と同様、演繹が不可欠である。ただし崇高なものにかんする演繹は不要とみなされている。なぜなら、構想力と理性の調和という崇高な心的状態は、経験領域を遥かに凌駕しているからである。つまり、演繹において要求されているのは、経験領域とかかわるある判断が、その必然的な普遍妥当性を正当化しうるかどうかであり、経験的判断である美についての趣味判断にかんしてのみ演繹が要求されるのである（同 5：280）。そして美は仮象であるゆえに認識論の場合のように概念の客観的実在性を正当化する必要がないので、この演繹は「きわめて容易である」とカントはみなしている（同 5：290）。そこで、趣味判断にかんする演繹を考察することにしよう。

趣味判断はアプリオリな総合判断である。したがって、趣味判断の演繹は「いかにしてアプリオリな総合判断は可能かという、超越論哲学の普遍的課題」に属しているが（同5：289）、この場合、判断力は客観的なカテゴリーにも法則にもかかわってはいない。なぜなら趣味判断における判断力は主観的な反省的判断力だからである（同5：288）。「美しい」という主観的な経験的判断（特殊）が与えられており、「美しい」ということの判定が「あらゆる人の賛同を要求する」（普遍）ということが求められているのである。この場合、おそらくカントの念頭に置かれているのは——美は人倫性の象徴とみなされていたわけだが——道徳的に善い行為を、あらゆる人は美しい行為として賛同するということである。なぜなら、このように想定することによって第一部におけるこの演繹は道徳目的を問題にしている第二部と密接に関連することになるからである。また、趣味判断において自然美が扱われているのは、第二部における自然の目的が念頭に置かれているためであろう。

　さて、ここで求められている普遍的判断は「判断力一般の主観的条件」にほかならず、「すべての人間に……前提されうる主観的な」判断形式である（同5：290）。したがって趣味判断においては、主観的で個別的な判断が、主観的な反省的判断力の合目的性の形式を媒概念として、判断力一般の主観的条件の下に包摂されることになる。つまり、趣味判断においては主観的判断力だけが問題とされているのである。こうして「快は、すなわち感性的対象一般の判定における認識諸能力の関係に対する表象の主観的合目的性は、当然あらゆる人にあえて要求されるであろう」とみなされることになる（同）。そしてカントはこのような普遍的賛同の根拠を、最終的に「共通感覚」に求めることになる。

カントが思い描いているのは例えばロビンソン・クルーソーのような「荒涼とした島に一人取り残された人間」である。そのような人間は身の保全のために生きるのが精一杯で「自分の小屋も自分自身も飾ることをしない」であろうし、趣味とは無関係な生活を送ることになる。しかし他の人々と共存する社会生活において、彼は「一人の洗練された人間になろうと思いつくのである（これは文明化の始まりである）」が、その場合、彼は「自分の快を他の人々に伝達する」ようになり、やがて「普遍的伝達を顧慮することをあらゆる人々に期待し要求する」ことになる（同5：297）。つまり自ら趣味判断を行うと同時に、あらゆる他者にもそれを要求することになる。したがって趣味判断は基本的に何らかの「共同体感覚 ein gemeinschaftlicher Sinn」を前提としており、それが普遍的賛同を要求する根拠となっているのである。カントはこれを「共通感覚 sensus communis」（同5：293）、より厳密には「美的共通感覚 sensus communis aestheticus」（同5：294）と呼んでいる。つまり、趣味は一見したところまったく個人的で千差万別な判断にみえるが、実は他者とのかかわりにおいてはじめて生じうる普遍的な判断であるというのが、カントの演繹における核心である。趣味判断は先に述べたように、一方では主観的な判断ではあるが、しかし他方では「自分の反省のうちで他のあらゆる人の表象の仕方を思考のうちで（アプリオリに）顧慮する」ような普遍的伝達を可能とする判断なのである（同 5：293）。こうして共通感覚を通じて趣味判断が可能になり、趣味判断によって普遍的伝達が求められ、それによって文明や文化、さらには道徳的世界の成就、つまり究極目的（最高善）が求められることになる。共通感覚に基づいて、とりわけ自然の最終目的である人類は、造物主の意図に従って、全被造物に共通の究極目的に向かって進展していることになる。

こうして、美がそのアプリオリな原理の演繹によって、崇高とともに必然的な普遍妥当性を有していることが正当化され、また、美および崇高と目的論との密接な関係も理解されることになる。さらに、一方において美の分析論は、それが基本的に自然美を問題にしている限りにおいて自然の目的論と関連し、他方において崇高の分析論は、それが道徳性を示している限りにおいて道徳の目的論と関連しているとみなすことができる。そして美は人倫性（道徳性）の象徴なのであった。したがって、道徳の目的論のもとに自然の目的論を包摂するという第二部での展開は、第一部において綿密に準備されていたことになる。この意味で「第三批判」はたんなる美的分析論の書でも、たんなる目的論の書でもなく、この二つの部門の総合の書なのである。

「第三批判」において、無機的自然から有機的自然への移行は「かのように」想定されているにすぎない。また自然の領域と自由の領域とは、合目的性の原理という、かのように想定された媒概念による包摂関係によってのみ結合されているにすぎないのである。カントにおいてこの二領域の「空隙」は実質的には埋まっていないのである。カントにはまだ行わなければならない課題が残っていたのである。この課題を成就するための最後の研究が、おそらく『オプス・ポストゥムム』における「移行」の問題、とりわけ「動力学的エーテル」の問題なのではないだろうか。

第六章

『オプス・ポストゥムム』における動力学的エーテル

カントの遺作である未完の『オプス・ポストゥムム』（以下『オプス』と略記）は自然哲学と超越論哲学について記された、一七八六年から一八〇四年までの晩年の草稿群である。これらの記述についてしばしば老衰のために多くの矛盾が含まれると解釈されてきたが、カントの精神力が著しく衰えるのは一八〇一年からであり、(31) したがってほとんどの草稿に老衰の影響はみられないと受け取るべきである。それでもこれらの草稿に多くの矛盾と反復がみられる記述スタイルは「第一批判」の記述スタイルと共通している。

カントは哲学的記述の最良の方法を次のように述べている。最初はどのような着想であっても思いつくまま書きとめておき、その後にそれらを整理して整合的に書き改める（OP. 24 : 484,「B・H」p.5 参照）と。このような記述を行っている以上、少なくとも一八〇一年までの草稿には老衰の影響はみられないと考えるべきであろう。したがって、ここでは多くの矛盾する見解の中から、前批判期および批判期の思考と密接に関連していると思われる見解を重視して扱うことにする。

カントはガルヴェ宛の一七九八年九月二十一日付の手紙の中で、「……私が現在取り組んでいる課題は『自然科学の形而上学的原理から物理学への移行』にかんするものです。……これを解決しないと批判哲学の体系中に空隙が生じてしまうことになるでしょう……」（12 :

257）と述べている。カントはいくつかの「移行」を構想しているが、ここでは「移行」として自然と物質にかんする「あらゆる認識の限界への移行」（OP. 21 : 9）、および精神、特にカントの精神の病にかんする「病気とかかわる不断の移行」（同 22 : 373）を扱うことにする。この二つの移行に密接にかかわっているのはとりわけ動力学的エーテルである。

1　「移行」——自然および物質と動力学的エーテル

⑴「第三批判」における全自然の統一と『オプス』におけるアプリオリな引力／斥力

「第三批判」第二部目的論において、無機的自然と有機的自然との統一という問題が残されていた。自然界の無機的で力学的段階から有機的段階への移行はかのように想定されているにすぎなかった。『オプス』ではこの移行がアプリオリな区分に基づくものとしてより具体的に検討され、さらには英知的段階への移行も示唆されている。そして有機的段階への移行は『モナド論』および『原理』の物質観を継承しているのである。有機的段階への移行には、動植物と人類とは相互に有機化された組織全体のうちにアプリオリな原理に基づいて組み込まれているという構想が中心となっている（後述）。『諸学部の争い』では「自然の絶大な力にとって、……自然の最高原因の力にとっては、人間もまた取るに足らないものにすぎない」（SF. 7 : 89）と明言されているが、このような考え方は有機的段階への移行にかんする『オプス』の考え方と一致している。有機的自然を考える場合、これまでのように経験にかかわる認識諸能力だけが問題となっているわけではなく、人類を遥かに凌駕する全自然を想定する必要がある。『原理』では「それについての経験的概念が与えられる特定の種類の物の特殊な自然本性」についての、「物体的自然あるいは思惟的自然の形而上学」が扱われたが、『オプス』では「何ら特定の経験的対象に関与することなく、……自然一般という概念を可能にする諸法則を取り扱う」ところの、「自然の形而上学の超越論的部門」が扱われていると考えることができる（MA. 4 : 469）。『オプス』では無機的自然から有機的な自然への移行が問題となっているのである。したがってこの移行は全自然を前提にしているが、ここではまず自然界に存在する物質にかんして考察しておくことにしよう。

『原理』の場合、力学において物質は引力／斥力に還元されてはおらず、物質間でこれら諸力が作用しているとみなされていたのに対し、動力学は、『モナド論』においても『原理』においても、物質そのものを引力／斥力に還元しており、ここに両力学の根本的な相違がある。また『原理』では「空間において可動的な物質」という経験的概念を扱い、この概念を諸カテゴリーに従って規定しているのに対し、『オプス』では物質内部における可動的諸力（引力／斥力）をアプリオリなものとして扱っている。『モナド論』同様、『原理』「動力学」

の章においても引力／斥力はアプリオリなものとして扱われてはおらず、この相違点が移行において重要である。そして『オプス』では経験的物質を可能にする元素として「エーテル」という概念が新たに導入されている。そこでエーテル概念を考察することにするが、その前に『オプス』以前にエーテルがどのようにみなされていたのかを紹介しておこう。

(2)『オプス』以前のエーテル概念

「第一批判」「経験的思考一般の要請」では「空間において永続的に現れる何か［エーテル］」の可能性について、「物質と思考するものとの間の中間者のような」存在として、「まったくの架空」ではあるが、構想されている（A. 222)。この段階においてエーテルは架空にすぎない。『原理』ではニュートンのエーテルについての言及にかんして（『プリンキピア』邦訳四三一頁参照）、「ニュートンはエーテルさえ（ましてや他の物質についてはいうまでもなく）引力の法則からは除外してはいなかった」（MA. 4 : 515）とみなした上で、エーテルは量を欠いていると想定し、原子論者たちの「空虚な空間なくしては物質の種別的な差異を考えることはできない」という主張を否定し、「仮にこのような見解が成り立つとすれば、物質内部の空虚な空間は……動力学的には、したがって自然学的 physisch には不可能となるであろう」（同 5 : 564）と想定している。この段階でもエーテルは仮説にとどまっている。カントはそもそも、可能的経験の対象ではありえないという根拠から原子論者たちの主張する空虚な空間と単純実体とを否定し、物質の内容を引力／斥力の相互的制約によって規定しているが、このような前提は『オプス』においても基本的に変わっていない。そして先の引用文では動力学的と自然学的という概念が同一視されているが、カントの時代「物理学 Physik」という概念は今日のように確定されてはおらず、カントがこの概念に古代の「自然学 φυσικά, Physica」を重ね合わせ、それをカント的動力学とも重ね合わせていたかもしれないのである。いずれにせよ『オプス』で論じられている「物理学への移行」における物理学は今日的な意味でのそれではなく、そこには自然学的意味が含意されていると想定すべきであろう。

『オプス』以前のエーテル概念に戻ろう。

「第三批判」では「だから近代の物理学者たちの言うエーテルは、他のすべての物質を貫く……弾性的な流体であるが、これはたんなる臆見の事柄である。それでもエーテルは、もしも外的感官が最高度に鋭敏になれば、知覚されるかもしれないような種類のものである。しかしエーテルは何らかの観察ないし実験では現に示されることは決してできないのである」(KrU. 5 : 348) と、ここでもエーテルが仮説にすぎないことが記されている。これに対し『オプス』においてはエーテルの実在が確信されているのである。

⑶動力学的エーテルという概念の導入とその実在性

エーテルという概念は前批判期の『モナド論』および批判期の『原理』「第二章 動力学」と密接に関係している。つまりこの概念は引力／斥力の作用圏そのものにかかわり、それを発展させたものである。『オプス』においてエーテルはアプリオリに認識される概念として永遠に大宇宙全体に偏在しているとみなされ（OP. 21 : 584 他参照）、経験のための物質的条件として「物理学への移行」の中心概念となっているが、経験の対象とみなされてはいない。またエーテルは物質的特徴のすべてを形成する「根源的流動体」（同 22 : 588）であり、それ自体を量的に測ることはできない（不可量的）が、しかし測りうる（可量的）ものすべてを可能にする条件として性格づけられている（同 22 : 594 参照）。

「エーテル、熱素、その他で呼ばれている物質は……仮定された質料などではなく、自然の形而上学的基礎づけから物理学への移行に必然的に属するものとして……アプリオリに認識され、要請される。……それは根本的に運動している質料であり、この連続体は運動諸力の全体を形成し、その実在はアプリオリに知られる」（同 21 : 218 他）

カントのこのエーテル概念はアリストテレス的エーテルとも、光エーテルや熱エーテルのような近代的エーテルとも異なるカント独自の概念である。そして空間における力学的な引力／斥力の運動はエーテルの動力学的活動（引力／斥力の内的運動）に依存しているとみなされている（同22：239-242参照）。エーテルは引力と斥力とが常に活動している動力学的充満であり、これによって物質そのものが実現され、このようなエーテルの充満のために原子論者の主張する「空虚な空間」は否定されることになる（同21：219-220他）。さらに動力学的エーテルは物質の運動力を体系的に統一しているとみなされている。カントはこのようなエーテルを諸カテゴリーに従って分析している。例えば量のカテゴリーにおいてエーテルは「可量的／不可量的」とカテゴライズされている（同21：531参照）。このようにカテゴライズされているのはエーテルそのものは不可量的であるが、諸物体を可量的にするからである。カントはこれを「相対的に不可量的」とみなしている（同22：268-269参照）。そしてここから「物質の可量性は……内的に運動している物質」、つまり「熱素」を前提にしていると帰結されることになるが（同22：138）、この帰結は動力学が力学を基礎づけていることを意味している。

「第一批判」においてカントは「経験的実在性の全体」を「実在性のすべて omunitudo realitatis」とみなしているが、『オプス』におけるエーテルはこの「実在性のすべて」との密接な関連において考察されている。「第一批判」では次のように記されている。

「われわれの理性における全面的な規定の根底には超越論的基体が置かれており、この基体が、そこから物質のあらゆる可能的述語が取られうるいわば素材の全貯蔵を含むとすれば、この基体は実在性のすべてという理念にほかならない」（A. 575-576 / B. 603-604）

他方『オプス』では次のように記されている。

「それ［エーテル］は経験一般の可能性との一致という原理に基づいて、分析的に諸概念に従って、つまり同一性の原理に従って現れる、運動諸力の基盤である」（OP. 21 : 233）
「可能的経験のこの絶対的統一は同時に物質全体の統一であり、それゆえ外官に影響を及ぼす物質の運動力の統一でもある。したがって物質の運動諸力の体系というこの概念はすでに（まさに知覚の集合体である、すべての経験的なもの以前に）アプリオリな経験の統一という概念のうちに必然的に属するものとして存しているのである」（同 21 : 595-596）

エーテルは経験のための物質的条件であり、物理的諸物体のすべての特性はエーテルに条件づけられている。しかしそれらがエーテルに還元されることはない。このように独自に性格づけられたエーテルは超越論的基体である「実在性のすべて」にかかわっている。この基体は「経験一般の可能性の原理」であり、「アプリオリな可能的経験の絶対的統一」なのである。「第一批判」ではこの基体は「根源的存在者 ens eriginarium」「最高存在者 ens summum」「あらゆる存在者の存在 ens entium」とみなされ（A. 578-579 / B. 606-607）、さらには「超越論的な意味で考えられた神の概念」（A. 580 / B. 608）とまで言及されている。そしてこの基体から素材の全貯蔵が実現し、すべての経験的なものが生じることになる。エーテルがこの基体とかかわり実在性のすべてを物質として実現する条件である以上、それは形而上学的な英知的次元と密接にかかわっていることを意味している。なぜなら、形而上学的で英知的な「究極的原因は等しく自然の運動諸力［引力／斥力］に属している」（OP. 21 : 186）からである。

「一つの空間、一つの時間、一つの物質［エーテル］だけが存在し、そこにおいてすべての運動が見出される。経験の現実的で客観的な原理は形式において統一された全体に帰する……」（同 21 : 224）

エーテルは可能的経験の全体を統一する可能性の原理なのである。そして『オプス』ではこのようなエーテルの実在が確信されているのである。

「熱素は現実的である。つまり、熱素は何らかの現象を説明するために偽られた質料なのではなく、経験の普遍的な原理から生じた論証可能な物質なのである」(同 22 : 551)

さて、このように実在するものとみなされたエーテルは無機的自然だけではなく生命ある有機的自然をも可能にする。というのも、エーテルはその「根源的な引力／斥力」のおかげで「永遠の振動」を生じさせ、それによって「生命のない停止状態」を防止しているからである(同 21 : 310 他)。したがって無機的自然から有機的自然への移行は動力学的エーテルによってのみ可能となる。「第三批判」における「かのように」はエーテルの実在によってのみ克服されるとみなされていることになる(「エーテル演繹」が成功しているか否かは別にして)。そしてエーテルのこの根源的な動力学的運動に基づいてはじめて力学的運動が生じることになり(同 22 : 239-242 参照)、動力学という形而上学的自然学が近代的な力学を基礎づけていることが確信されている。

以上のように「物理学への移行」は『原理』における経験可能な物理的世界の領域を遥かに凌駕する全自然を考察している。カントは「エーテル演繹」を通じて、これまでのように理論的および実践的領域における主観的活動にとどまることなく、その考察を新たに大宇宙へと拡大しているのである（同22：339参照）。では、このようなエーテルは精神的世界にも影響を与えているのだろうか。与えているとすればどのようにしてだろうか。最後に「もう一つの移行」を考察することにしよう。

2　電気現象とエーテル

⑴空中電気 Luftelectricität

カントは私講師時代の『火について』という小論で雷という大気中の放電現象に強い関心を示し、ベンジャミン・フランクリンに言及している（ML 1：472）。そして雷と地震との相関的現象に触れ、雲の上に集積している電気を帯びた物質が地上に放電されると雷となり、地上に堆積している電気を帯びた物質が雲の上に放電されると地震を生じるとみなしている。要するにカントは雷や地震という気象上の諸現象が空中の電気と密接に関係し、さらにそれがエーテルと切り離すことのできない現象であるとみなしているのである。『オプス』では「天体エーテル的大気」（同22：495）という草稿が執筆されることになる。エーテルが大気中に永遠に偏在的に、根源的な引力／斥力として充満している点についてはすでに述べたが、問題なのはカントが電気的なエーテル現象を自らの「不快感」と結びつけていることである。この点を考慮するとカントはエーテルが精神（魂）にも深くかかわっていると考えていることになる。

フランス革命とほぼ同時期に二つの事件が生じている。一つはコペンハーゲンを中心としたヨーロッパにおけるおびただしい「猫の死」であり、もう一つはカントが苦しんだ「不快感」である。カントは『オプス』においてこの二つの事件を生じさせたのは「電気を帯びた空気の性質」であると憶測している（「F・P」P.136以下、独訳S.203以下参照）。猫の死と結びつけて、カントは「この空中電気が私の神経系を攻撃する」（同21：89-90）と記している。『諸学部の争い』第三部「眠りについて」の節でも、カントは脳の中に生じている「痙攣《けいれん》性のもの」が眠りを妨げていることに触れているが（SF. 7：106）、カントは自分を苦しめていることのような空中電気の性質が突如生じることを「革命Revolution」と呼んでいる（「F・P」p.139、独訳S.207参照）。これまでカントのこのような症状は老衰に帰せられる見方が一般的であったが、電気現象は老衰以前に生じているのである。そして猫だけではなく、人間精神にまでエーテル的電気現象は影響を及ぼしているのである。『諸学部の争い』「結び」で、カントは自分が患った痙攣性の病的発作について次のように告白している。

「そのような病気が私の頭の働きをいわば攪乱してしまった。……それらは不随意の放心である……。いくら努力しても完全には防ぐことはできない。非常につらい思いのする過ちである」(SF. 7 : 112-113)

さらにエルハルト宛の手紙(一七九九年十二月二十日付)の中で、「この痙攣については、一七九六年から現在まで異常に長期間、広範囲に広がっている空中電気とともに続いておりましたが(猫の死とも結びついておりました)、この大気の状態は結局のところいつか変化するに違いないので、私としては快癒の日を待ち望みます」(12 : 296)と、自分の病気と空中電気とを結びつけている。ゼンメリング宛の手紙(一八〇〇年八月四日付)でも、「……この不快感の原因はおそらくこの四年この方続いている空中電気以外のいかなるものでもないと思います」(12 : 320)と記している。

動力学的エーテルは大気中の電気現象として人間だけにとどまらず動物(猫)の神経組織や脳に大きな影響を与え、死に至らしめることさえある、とカントは考えているのである。本書第一章でカントの脳理論を扱った際に、神経組織内のコミュニケーションを司るのは「神経流体」であるとカントはみなしていたが、これは「流体としてのエーテル」と合致する。また思考する場合に物質的イデアが生じ、これによって思考している間に脳は激しく振動しているという事実をカントは見逃していなかったが、この振動をエーテルが生じさせているとすれば（エーテルの振動によって生命の停止が防止されるのであった）、振動の原因がエーテルに帰せられていることが明瞭となる。動力学的エーテルは大気中の電気現象として、神経組織の流体として、さらに思考する際の脳の振動の原因として、カントにおいて精神／魂に大きな影響をもたらしているのである。それどころかガルヴァーニ電気として魂そのものを作動させているとみなすことができるのである。

(2)ガルヴァーニ電気 Galvanism ——最後の「調停」

最初期のものと思われる『オプス』の草稿に電気と超越論哲学にかんするきわめて重要な、興味深い記述がみられる。

「ガルヴァーニ電気は空中電気以外の何ものでもない」（OP. 21 : 117）
「超越論哲学はガルヴァーニ電気である」（同 21 : 133）
「人がガルヴァーニ電気と称しているものは、正確にいえば超越論哲学である」（同 21 : 136,「F・P」p.161 および独訳 S.239 も参照）

これらのメモによってカントはいったい何を構想しているのだろうか。

ガルヴァーニ（Galvani,Luigi, 1737-1798）とはイタリアの解剖学者、生理学者であり、一七八〇年に蛙の脚が金属に触れて痙攣を起こす現象に接し、生体の電気現象の研究に端緒を開いた人である。この電気現象がガルヴァーニ電気である。おそらくカントは蛙の脚の痙攣と自分の頭脳の痙攣とがともに電気現象によって発生すると考えていたのであろう。そして空中電気であるこのガルヴァーニ電気はここでは同時に超越論哲学を可能にしているとみなされている。ガルヴァーニ電気は超越論哲学を可能にする限りにおいて動力学的なのである。ガルヴァーニ電気は人間の身体（脳）に潜勢し、理論理性として超越論哲学を可能にしていることになる。ガルヴァーニ電気がエーテルと完全に外延を共有しているとすれば、ガルヴァーニ電気としての動力学的エーテルは、実践理性として人間の実践活動全体を支配していることにもなるだろう。

カントにおいて「自然の形而上学」と「人倫の形而上学」との間の空隙を、あるいは自然と自由の間の空隙を満たすことができるのは、このような電気現象としての動力学的エーテル以外には存在しないであろう。動力学的エーテルによってのみカントの哲学体系はようやく完結することになり、カントは真の学問としての二つの形而上学を最終的にエーテルによって調停しようと企てていたことになる。超越論的と実践的という概念は区別されていたが、この二つの概念は動力学的という上位の概念と外延を共有している。つまり、動力学的という概念は人間の主観的活動のすべてをカヴァーするカント哲学体系における独自の、きわめて重要な概念なのである。それだけではない。この概念は人間の主観的活動のすべてを超越してさえいるのである。

「それなしには人間存在が宇宙において直観的に自分自身を措定することさえないであろう、全宇宙における神経組織的感覚のこのガルヴァーニ電気（超〔越論〕哲学＋ガルヴァーニ電気＋空中電気＋神経組織＋宇宙の光と熱）」（OP. 21 : 137）

このメモから読み取れるのはガルヴァーニ電気が人間の主観的活動のすべてを超越して全宇宙に永遠的に偏在するということである。そしてそれは光エーテルでもあり、熱エーテルでもある。前批判期の『天界論』において、「原物質そのものは、神の存在から直接帰結する」（AN. 1 : 310）とみなされていたが、この原物質とは根源的な引力／斥力の作用圏であり、『オプス』では、カントはこれをエーテルに帰している。そしてガルヴァーニ電気としてのエーテルは動力学的に身体に潜勢し、神経組織を作動させて感覚を生じさせる。さらに身体とともに思考を作動させて超越論哲学を構想させていることになる。それどころか、このような人間の主観的活動を遥かに凌駕して、光エーテルや熱エーテルとして全宇宙に充満しているとみなされているのである。

さて、「第三批判」における無機的自然から有機的自然への移行という問題は、動力学的エーテルの実在を想定することによってのみ解決する。というのも、エーテルの与える振動によって自然界は有機的に生命を維持しうることになるからである。さらに、自然の形而上学と人倫の形而上学、自然と自由との間の空隙も、やはりエーテルの実在によって埋まることになる。しかし、カントが『オプス』においてエーテル演繹によって確証しようとした「エーテルの実在」は仮説に過ぎないのであり、このような仮説によってのみカントの哲学体系は完了することになる。したがって結局カント哲学体系は自然必然と自由という「空隙」を解決することはできなかったのである。ただカントは偶然と必然という今日にまで連なるアポリアに最後まで真正面から取り組んでいたことになる。そしてカントは晩年になればなるほど、人類の道徳性に対する不信感を募らせ、「ある新たな革命がわれわれの地球とその住人に予期される」（同 21 : 211-212 参照）とみなしている。その前提となっているのは「……他の種のために被造物の諸々の類は段階的秩序において現存している」（同 21 : 566）という仮説である。植物は動物のために、動物は人類のために、有機化された組織全体のうちにアプリオリな原理に基づいて段階的秩序において組織されているということが大前提となっているのである。そして今や「新たな革命」がカントによって予期されている。

大気中のさまざまな電気現象にともなうカント自身の苦しみそのものが「世界新時代 Weltepoche」(同 21 : 567) の前兆とみなされているのである。現在、地球上に生息している人類は、理性的でより高次の、新たな人間性を有する類の段階へと移行するために存在しており、このようにして、「世界身体はたんに力学的にだけではなく、有機的にも再生される」(同 21 : 214-215)。現在の人類は一つの移行の途上にあり、来たるべき種をこの地球上において準備していることになる。これは「超人」を先取りした思考ともいえるだろう。さて、以上のような自然の諸革命は、カントにおいて偉大なる「自然の奸計」によるものであるが、それは動力学的エーテルによってのみ成就されるとみなされているのである。

注

（1）Fenves, Peter, *Late Kant - towards another law of the earth* (Routledge, New York and London, 2003, p.72-74. 独訳 *Der Späte Kant* (Wallstein Verlag) S.110-114 参照。以下「F・P」と略記。

（2）『活力測定考』にかんしては大橋容一郎「活力と死力―『活力測定考』をめぐって―（以下「大橋」と略記）」（『現代カント研究４ 自然科学とその射程（以下「射程」と略記）』カント研究会編、晃洋書房、一九九三年、所収）も参照されたい。

（3）松山壽一「引力―斥力説と単子論――カント『自然単子論』の一解釈（以下「松山」と略記）」（『近世ドイツ哲学論考―カントとヘーゲル（以下「近世ドイツ」と略記）』浜田義文、牧野英二編、法政大学出版局、一九九三年、所収）参照。

（4）福谷茂『カント哲学試論』（知泉書館、二〇〇九年）一四六頁参照（以下「福谷」と略記）。

（5）山本義隆『磁力と重力の発見１』（みすず書房、二〇〇三年）参照（以下「山本」と略記）。

（6）松山壽一『カントとニュートン［改訂版］（以下「松山カント」と略記）』（晃洋書房、二〇〇六年、四四頁）。

（7）犬竹正幸「純粋自然科学と経験的自然科学の間―『自然科学の形而上学的原理』から『オプス・ポストゥムム』へ―（以下「犬竹」と略記）」（「射程」所収）二五二～二五三頁。なおI・ニュートン『プリンキピア（自然哲学の数学的原理 *Philosophiae Naturalis Principia Mathematica*, 1687）』（河辺六男訳、中央公論社、六四頁）も参照されたい。

（8）カントがこの懸賞論文を執筆するようになった経緯、およびベルリン・アカデミーとライプニッツならびに百科全書派との関係、さらにこの「テーマ」の由来に関しては次の論文に詳しい。Martine Groult : *L'Académie de Berlin et l'ordre encyclopédiqe ou organisation de la science et de la langue dans les relations entre Kant et France*（in : J. Ferrari, M. Ruffing, R. Theis, M. Vollet (éds.) *Kant et France - Kant und Frankreich*, 2005 Georg Olms Verlag. 以下「KF」と略記)。

（9）Sömmering, Antomen Samuel Thomas von (1755-1830)　ドイツの解剖学者、医者、自然科学者。マインツ大学で解剖学、生理学の教授を務め、その後フランクフルトで開業医となる。主著『人体の構造について』全五巻（1791-1830)。

（10）「形而上学講義」は以下「講義」と略記する。カントはバウムガルテンの『形而上学』第四版（一七五七年）を「講義」のためのテキストとして用いていたが、このテキストは「序論」「存在論」「宇宙論」「心理学」「神学」から成り、カントはほぼこれに沿って、とはいえかなり自由に講義していたようである。そして「魂／脳／身体」の問題は「心理学」を中心に論じられている。一七六〇年代までの私講師時代の記録として残されているのはJ・G・ヘルダーによる「講義録」（28 : 1-166, 839-961）だけであり、一七七〇年代については「講義録 L1」（28 : 167-350）がある。また一七八〇年代についてはムロンゴヴィウスによる「講義録」（29 : 743-940）が、一七九〇年代前後から九〇年代前半にかけては「講義録L2」等がある（なお「講義録 L」のLはライプツィヒの頭文字である)。詳しくは岩波版『カント全集』19巻「講義録一、解説（八幡英幸)」を参照されたい。

（11）Jeck, Udo Reinhold : *Hat kant eine philosophische Gehirntheorie?*（in : *Die Aktualität der philosophie Kants, Bochumer Studien zur Philosophie*, Band 42, 2004, 以下「Ud」と略記)。「講義」の年代についてはAnm. 38 (S.116) 参照。

（12）「講義 K」の「K」はケーニヒスベルクの頭文字であるが、原資料は「L」とほぼ同じであるとみられている。

（13）この引用はハインツェ（Heinze, Max ; 1835-1901）によるものである。

（14）*Metaphysik Herder*,「Ud」Anm. 38（以下 MH と略記）参照。「Ud」S.121 も参照されたい。

（15）Haller, Albrecht von（スイス 1708-1777） 解剖学、植物学、生理学の学者で、詩人でもある。現代の神経学への道を開いた。

（16）『魂の器官について』では「共通感覚中枢」に der gemeinsame Empfindungsplatz' というドイツ語が当てられており、また『形而上学の夢によって解明された視霊者の夢』では「魂の感覚中枢 sensorium der Seele」という表現がなされている（TGT. 2 : 339 注）。

（17）A. G. Baumgarten : *Metaphysica*, §560, 198f.

（18）Heimsoeth, Heinz : *Studien zur Philosophie Immanuel Kants* : in Kantstudien 71 Köln, 1956. に所収の *II Der Kampf um Raum in der Metaphysik der Neuzeit* S.93-119 および *IV Metaphysische Motive in der Ausbildung des kritischen Idealisums* S.189-225 参照。なお邦訳は『カント哲学の形成と形而上学的基礎』（須田朗、宮武昭訳、第一章および第二章、未来社、フィロソフィア双書Ⅰ）、および『カントと形而上学』（小倉志祥監訳、以文社、岩尾訳第三章および平田訳第二章）の二種類がある。

（19）ちなみに、『実践理性批判』および『判断力批判』においても二律背反が問題とされている（「第二批判」では KpV. 5 : 113 以下、「第三批判」では KrU 5 : 385 以下）。しかし、そこではいずれも「数学的／動力学的」という区分はなされていないが、この区分はそこでも想定されているとみなしうるだろう。

（20）シュタール（Stahl, Georg Ernst. 独 1660-1734）。ヴァイマール侯の侍医、ハレ大学教授を経て、プロイセン王侍医としてベルリンに定住。その「フロギストン説」はラヴォワジェの「燃焼理論」によって否定されるまで大きな影響力を持っていた。

（21）Lequan, Mai : *Kant et quelques aspects de la science francaise : l'exemple de la chimie* : in「FK」, p.121 参照（以下「Lequan」と略記）。

（22）岩波版『カント全集』4巻、四〇二頁 訳注（35）参照。

（23）プリーストリー（Priestly, Joseph 英 1733-1804） 化学者、聖職者。アメリカの最高の化学賞は彼にちなんで「プリーストリー賞」と命名されている。

（24）「Lequan」（p.127, note 9）によれば以下の著書がそれである Girtanner : *Anfangsgründe der antiphlogistischen Chemie* (1792), Erxleben : *Anfangsgründe der Naturlehre* (1772-1775), Karsten : *Anleitung zur gemeinnützlichen Kenntnis der Natur* (1783), Gehler : *Physikalisches Wörterbuch* (1787-1793).

（25）「第一章運動学」および「第三章力学」では、拙論では触れていない『運動と静止の新学説』という小論の内容が再び取り上げられているとみなすことができる（ただし、この小論では「理念としての絶対空間」には触れられていない）。

（26）Axel Hutter : *Das Interesse der Vernunft*, S.150f., Felix Meiner Verlag 2003.

（27）「第一批判」における「三つの問い」とは、「⑴私は何を知ることができるか？　⑵私は何をなすべきか？　⑶私は何を望むことが許されるか？」であり、『論理学』における「四つの問い」とは、これに「⑷人間とは何か？」を加えたものである（LG. 9 : 25）。

（28）カントは「第一批判」の段階ではあらゆる趣味判断が経験的判断にすぎず、アプリオリな法則に役立たないとしてバウムガルテンを批判している（A. 21 / B. 35注）。

（29）『田辺元全集』3、筑摩書房、一九頁参照。

（30）感性的図式は感性と悟性概念《カテゴリー》とを媒介するが、カントは悟性的統一と理性統一という「まったく別種なもの」を媒介する「感性的図式の類似物」を理性理念とみなしている（B. 693）。この意味では経験領域と経験を超える領域との媒概念の例としては「感性的図式の類似物」の方がふさわしいかもしれないが、この問題については後の機会に譲る。

（31）Hall,Bryan Wesley, *The Post–Critical Kant–Understanding the Critical Philosophy through the Opus Postumum*, Routledge, 2015, p.4 参照。以下「B・H」と略記。

あとがき

カントを研究しているうちに、カント動力学がライプニッツ力動論およびニュートン力学とどのような関係にあるのかについて、少なからぬ関心を抱くようになっていた。また『純粋理性批判』の中でカテゴリーが数学的と力学的 mechanisch とではなく、動力学的 dynamisch とに区分されている点については相当以前から理解できないままであった。十年ほど前にカントの「哲学的脳理論」の中で動力学的という概念が独特な形で用いられていることに注目していたのだが、同時に『オプス』にも「動力学的エーテル」という概念が頻繁に使用されていることを知り、動力学がカントにとって、批判期以前から最晩年に至るまできわめて重要な概念だったのではないかと思い、カントと動力学との関係について研究しはじめたのである。

その結果、動力学的という概念は超越論的というきわめて重要な概念とオーヴァー・ラップし、さらに理論的領域と実践的領域とをともにカヴァーしており、それどころか人間的主体の諸活動を遥かに凌駕する「自然」のあらゆる運動を支配する、壮大な宇宙論の基盤となっていると思いはじめたのである。そして動力学的エーテルというカント晩年の仮説――ただしカントはその実在を「エーテル演繹」において証明しようとさえしているのであるが――によってのみ、「自然の形而上学」と「人倫の形而上学」との空隙が埋められ、カントの哲学体系は完成することができるとカントは想定していたという結論に達した。その意味では、あくまで仮説にすぎないとしても、カント哲学にとって動力学的思考はきわめて重要なものである。

カントは非常に広範囲な領域にわたって思考を巡らせている。そのためにカント研究は、ともすればカントの思考の一部に限定されることも多い。しかしカントが企てたのは「体系としての哲学」である。その意味ではカントの真意を知るために、できうる限りカントの考察における広い領域を総合的に扱う必要があるだろう。動力学という概念の意義は広範囲にわたるカントの思考を洞察する場合にのみ理解できることになる。

本書が今後のカント研究に寄与し、難解で知られるカント哲学へと読者諸氏を誘うことができれば幸いである。また出版については晶文社の倉田晃宏氏にきめのこまかい助力をいただき大変お世話になりました。厚くお礼申し上げます。

二〇一五年四月

筆者

〈 索 引 〉

人名

【ア】
アリストテレス Aristotelēs 9-11, 39, 52, 76, 93, 146-147, 181
ヴォルフ Wolff, Christian 8, 11-12, 29, 34-39, 71-72, 89, 146
エルハルト Erhardt, Johann Benjamin 188

【カ】
ガルヴァーニ Galvani, Luigi 190
ガルヴェ Garve, Christian 29, 176
クヌーツェン Knutzen, Martin 16
コペルニクス Copernicus, Nicolaus 8

【サ】
ジェック、ウド・ラインホールト Jeck, Udo Reinhold 36
シュタール Stahl, Georg Ernst 77-84
ジルバーシュラーク Silberschlag, Johann Esaias 40
ゼンメリング Sömmering, Samuel Thomas 36, 38, 42, 188

【タ】
田辺元 Tanabe, Hajime 156
ダランベール d'Alembert, Jean Le Rond 16
デカルト Descartes, René 16-18, 21, 27
デミウルゴス Demiurge 69, 169

【ナ】
ニュートン Newton, Isaac 8-9, 16-17, 20-24, 28-30, 33, 58, 79-81, 90, 96, 100-104, 115-116, 166, 179

【ハ】
ハイムゼート Heimsoeth, Heinz 67
バウムガルテン Baumgarten, Alexander Gottlieb 41, 46
ヒューム Hume, David 29, 63-64
福谷茂 Fukutani, Shigeru 20, 30, 32, 66
プラトン Plato 9, 11, 39-40, 65, 76, 89, 113, 121, 135
プリーストリー Priestley, Joseph 80

【マ】
松山壽一 Matsuyama, Juichi 22, 27, 100-101

【ラ】
ライプニッツ Leibniz, Gottfried Wilhelm 9, 16-20, 23-25, 27-31, 96
ラヴォワジェ Lavoisier, Antoine-Laurent de 77-84

事項その他

【ア】

運動学　92-97, 102-104

エーテル　176-193

【カ】

神　22-28, 34, 65, 72-77, 84, 115, 129, 134-135, 139, 147, 150-151, 154, 169, 184, 191

ガルヴァーニ電気　189-191

現象学　98-106

構想力　51-54, 132, 155-156, 158, 160, 167, 169-170

【サ】

自然の形而上学　17, 28, 34, 84, 88, 90, 106, 108, 109, 140, 144, 178, 181, 190, 192

実践的　108-110, 113, 115-118, 121, 123, 127, 132-134, 137-138, 152-153, 186, 190

自由　110-144, 151-161, 190-192

人倫の形而上学　34, 106, 108-144, 190, 192

数学的　16-18, 58-62, 73, 96, 104-105, 143, 166-169

絶対空間　28-33, 92, 102-105, 116

善意志　112, 116-119, 123, 126

【タ】

魂　34-54, 59-60, 71, 76, 88-90, 110, 117-120, 123, 134-138, 157, 166-167, 187, 189-190

超越論的　52-54, 65-73, 108, 137-138, 184, 190

調停　16-20, 27-30, 70-77, 81, 108-109, 189-190

定言命法　119-122, 130

定立と反定立　73-75

道徳法則　35, 112, 114, 116, 118-120, 122-138, 159

【ナ】

認識論　71, 106, 138, 158, 166, 170

脳理論　34-55, 88, 106, 188

書名

書名の後の（　）内はカント著書の略称および略号。
カントの著書でないものは〔　〕内に著者名を記した。

【ア】

『頭の病気についての試論』（KK）　35

『イマヌエル・カントの論理学講義のための教本』（『論理学』LG）　109

『オプス・ポストゥムム』（『オプス』OP）　13, 96, 174, 176-193

【カ】

『活力の真の測定にかんする考察』（『活力測定考』LK）　16-28, 40, 101

『感性界と英知界の形式と原理』（『形式と原理』SI）　32, 88, 92

『空間における方位の区別の第一根拠について』（『空間における方位』GR）　31, 92

『形而上学』〔バウムガルテン〕　41

『形而上学的認識の第一原理の新解明』（『新解明』PP）　23-25, 34-35, 39

『形而上学の夢によって解明された視霊者の夢』（TGT）　78

【サ】

『自然科学の形而上学的原理』（『原理』MA）　9, 12, 17, 49, 76-77, 84, 88-106, 177-185

『自然神学と道徳学の原則の判明性にかんする研究』（UD）　22, 28-29

『自然モナド論』（『モナド論』MP）　24-28, 94, 98, 177-178, 181

『実践理性批判』（「第二批判」KpV）　7, 108, 110, 111, 114, 115, 124-138, 168

『実用的見地における人間学』（『人間学』Anth）　79, 80, 82

『純粋理性批判』（「第一批判」A, B）　7-8, 12, 29-34, 36, 44, 49-51, 53-55, 58-85, 88-92, 95, 100, 102, 104-106, 108-109, 111, 113, 115, 124-125, 128, 132, 135-137, 143, 147, 151, 153, 155, 168, 176, 179, 182-184

『諸学部の争い』（SF）　177-178, 187-188

『ジルバーシュラークの著書「1762年7月23日に現れた火の玉にかんする理論」の論評』（FK）　40

『人倫の形而上学』（MS）　79, 82, 116, 121, 132-133, 139-144

『人倫の形而上学の基礎づけ』（『基礎づけ』GMS）　109-124, 125, 129, 135, 137, 139

『1765-66年冬学期講義計画公告』（NW）　34-35

【タ】

『魂の器官について』　35

『哲学における目的論的原理の使用』（GtP）　149-153

『天界の一般自然史と理論』（『天界論』AN）　20, 22-23, 27, 41, 154, 191

【ハ】

『判断力批判』（「第三批判」KrU）　7, 11-12, 96-97, 144, 146-174, 177-179, 180, 185, 192
『判断力批判 第一序論』　146
『火について』（MI）　186
『プリンキピア』〔ニュートン〕　21-22, 179
『プロレゴメナ』（Prol）　29, 59, 67, 68, 71, 108, 114, 128
「ヘルダー形而上学」　38

引用したカント著作名一覧（出版年代順）

『日本語著作名』原書名
日本語略記／欧文略号／アカデミー版巻数／出版年 の順で示す。

『活力の真の測定にかんする考察』 *Gedanken von der wahren Schätzung der lebendigen Kräfte*
『活力測定考』／LK／1／1747年

『天界の一般自然史と理論』 *Allgemeine Naturgeschichte und Theorie des Himmels*
『天界論』／AN／1／1755年

『火について』 *Meditationum quarundam de igne succincta delineatio*
日本語略記なし／MI／1／1755年

『形而上学的認識の第一原理の新解明』 *Principiorum primorum cognitionis metaphysicae nova dilucidatio*
『新解明』／PP／1／1755年

『自然モナド論』 *Metaphysicae cum geometria iunctae usus in philosophia naturali, cuius specimen I. continet monadologiam physicam*
『モナド論』／MP／1／1756年

『頭の病気についての試論』 *Versuch über die Krankheiten des Kopfes*
日本語略記なし／KK／2／1764年

『ジルバーシュラークの著書「1762年7月23日に現れた火の玉にかんする理論」の論評』 *Recension von Silberschlags Schrift: Theorie der am 23. Juli 1762 erschienenen Feuerkugel*
日本語略記なし／FK／2／1764年

『自然神学と道徳学の原則の判明性にかんする研究（懸賞論文）』
Untersuchung über die Deutlichkeit der Grundsätze der natürlichen Theologie und der Moral
日本語略記なし／UD／2／1764年

『1765-66年冬学期講義計画公告』 *Nachricht von der Einrichtung seiner Vorlesungen in dem Winterhalbenjahre von 1765-1766*
日本語略記なし／NW／2／1765年

『形而上学の夢によって解明された視霊者の夢』 *Träume eines Geistersehers, erläutert durch Träume der Metaphysik*
日本語略記なし／TGT／2／1766年

『空間における方位の区別の第一根拠について』 *Von dem ersten Grunde des Unterschiedes der Gegenden im Raum*
『空間における方位』／GR／2／1768年

『感性界と英知界の形式と原理（教授就任論文）』 *De mundi sensibilis atque intelligibilis forma et principiis*
『形式と原理』／SI／2／1770年

『純粋理性批判』 *Kritik der reinen Vernunft*
「第一批判」／(KrV) 第Ⅰ版をA/第Ⅱ版をB／3-4／1781/7年

『プロレゴメナ』 *Prolegomena zu einer jeden künftigen Metaphysik, die als Wissenschaft wird auftreten können*
日本語略記なし／Prol／4／1783年

『人倫の形而上学の基礎づけ』 *Grundlegung zur Metaphysik der Sitten*
『基礎づけ』／GMS／4／1785年

『自然科学の形而上学的原理』 *Metaphysische Anfan gsgrün de der Naturwissenschaft*
『原理』／MA／4／1786年

『実践理性批判』 *Kritik der praktischen Vernunft*
「第二批判」／KpV／5／1788年

『哲学における目的論的原理の使用』 *Über den Gebrauch teleologischer Principien in der Philosophie*
日本語略記なし／GtP／8／1788年

『判断力批判第一序論』 *Einleitung in die Kritik der Urteilskraft*
日本語略記なし／欧文略号なし／ 20

『判断力批判』 *Kritik der Urteilskraft*
「第三批判」／ KrU ／ 5 ／ 1790年

『魂の器官について』 *Über Das Organ Der Seele*
日本語略記なし／欧文略号なし／ 12 ／ 1796年

『人倫の形而上学』 *Die Metaphysik der Sitten*
『人倫の形而上学』／ MS ／ 6 ／ 1797年

『諸学部の争い』 *Der Streit der Fakultäten*
日本語略記なし／ SF ／ 7 ／ 1798年

『実用的見地における人間学』 *Anthropologie in pragmatischer Hinsicht*
『人間学』／ Anth ／ 7 ／ 1798年

『イマヌエル・カントの論理学講義のための教本』 *Logik, herausgegeben von Gottlob Benjamin Jäsche*
『論理学』／ LG ／ 9 ／ 1800年

『オプス・ポストゥムム（遺作）』 *Opus Postumum*
『オプス』／ OP ／ 21-22

なお、「形而上学にかんする講義録 L、K」は「講義」と略記し、また「手紙」には特に略号は用いてはいない。

著者について

菊地健三（きくち・けんぞう）

一九四六年秋田県生まれ。専修大学大学院博士後期課程修了。専修大学文学部哲学科教授。著書に『カントと二つの視点』（専修大学出版局）、共著に『ジル・ドゥルーズの試み』（北樹出版）、『西洋の美術』（晶文社）他、訳書にヤウヒ『性差についてのカントの見解』（専修大学出版局）がある。

カントと動力学《どうりきがく》の問題《もんだい》

二〇一五年五月二〇日初版

著者　菊地健三

発行者　株式会社晶文社

東京都千代田区神田神保町一―一一

電話（〇三）三五一八―四九四〇（代表）・四九四二（編集）

URL http://www.shobunsha.co.jp

印刷・製本　中央精版印刷株式会社

ISBN978-4-7949-6878-4　Printed in Japan